Alexander Kleinschrodt

Hinter Mendig gelandet

Eine Welt-Reise durch die Eifel

DREIVIERTELHAUS

Hochmoselübergang

Inhalt

Burg Eltz

Prolog 1: Das Sonderbare

Ihre Sänger haben die immergleiche Losung auf den Lippen
Die Welt ist grässlich und wunderschön
(Gisbert zu Knyphausen, *Es ist still auf dem Rastplatz Krachgarten*)

Wenn man noch nicht genau weiß, was man sagen will, wenn die eigenen Gedanken noch keine Ordnung haben, dann muss man zuerst die Richtung wechseln. Mir geht es so mit der Eifel. Was sie ist, weiß ich nicht. Eine Region im Westen Deutschlands, ja, aber da gibt es auch noch andere. Warum schreibe ich über die Eifel und nicht über den Niederrhein oder den Westerwald, was sich ja auch lohnen könnte? Das wusste ich am Anfang selbst nicht. Mir war nur eines klar: Ich hatte realisiert, dass ich anschreiben wollte gegen ein Bild der Eifel, das mir zu flach ist, zu eindimensional.

»In der Eifel scheint das, was die Welt bewegt, besonders weit weg.« So stand es vor einiger Zeit im Magazin DER SPIEGEL, und so wird die Eifel auch schon seit Jahrzehnten vermarktet. Früher schrieben die Fremdenverkehrsämter irgendetwas von »ruhiger Lage für Erholungsuchende«, »unberührter Natur« und »reizvollen Sehenswürdigkeiten« in ihre Anzeigen. Heute wirbt das »GesundLand Vulkaneifel – eine Region, die zum Entschleunigen und Wohlfühlen einlädt« um Städter auf der Suche nach ihrer Work-Life-Balance. Der Ton hat sich verändert, das Versprechen ist dasselbe geblieben: die Eifel als Beruhigungstablette.

Was nicht dazu passt, muss draußen bleiben, so wie auf den Werbebildern für den »Traumurlaub« in pazifischen Inselresorts: Fototapeten mit nichts als weißem Sand, grünen Palmen und türkisblauem Meer, eine zwanghafte Harmonie, die mir ziemlich deprimierend erscheint.

Die Eifel, so wie ich sie kennengelernt habe, fügt sich in solche Muster nicht ein. Sie ist kein Rückzugsort, kein *retreat*, wie man wahrscheinlich im modernen »GesundLand« sagt, und erst recht kein *hideaway*. Das kann sie nicht sein, denn ich glaube, nein ich behaupte: Die Welt rückt einem hier im Gegenteil sehr nahe, mit Eindrücken, denen man in der Stadt, wo doch angeblich das Leben spielt, viel leichter aus dem Weg gehen kann. Wenn man sich in der Eifel nur erholen möchte, »die Batterien wiederaufladen«, dann hat man nicht gemerkt, dass da noch mehr ist. Die Eifel kann Fragen aufwerfen, sie kann vielleicht sogar irritieren, wenn man bereit ist, das zuzulassen.

Das Unwetter in der Eifel im Sommer 2021 war noch mehr als eine Irritation, es war erschütternd. Über der Region hatte sich ein breites Starkregengebiet gebildet, sodass an manchen Orten in kurzer Zeit 150 Liter Regen pro Quadratmeter fiel oder sogar noch mehr. Die gewaltigen, reißen-

Dreiborner Hochfläche

den Fluten, in die sich beschauliche Flüsse innerhalb weniger Stunden verwandelt hatten, hatte sich vorher niemand vorstellen können oder wollen. Auch deshalb haben in der Region über 150 Menschen ihr Leben verloren, der Sachschaden wurde mit vielen Milliarden Euro beziffert. Plötzlich war die Eifel wirklich weltbewegend: Am 17. Juli brachte die *New York Times* auf ihrer Titelseite zwei Fotos von den schweren Zerstörungen im Ahrtal. Eigentlich war das überraschend, denn aus Sicht der amerikanischen Ostküste ist die Eifel weit weg, außerdem gibt es weltweit ständig irgendwo irgendwelche Katastrophen. Aber dieses Erschrecken über die Ereignisse im meistens so aufgeräumten Deutschland war geradezu hellsichtig: Kaum sechs Wochen später erlebte die Stadt New York selbst eine nicht gekannte Überflutung, durch den stärksten Regenfall seit Beginn der Wetteraufzeichnungen. Es gab die gleichen Bilder von im Wasser treibenden Autos wie aus der Eifel.

Selbst solche Überschwemmungen in den Flusstälern ändern zum Glück nichts daran, dass es auf den Eifelhöhen ausgedehnte Wälder gibt und dazwischen Wiesen und Felder, die den Blick freigeben ins Weite. Die Bilder der Tourismusagenturen sind ja nicht völlig falsch. Die Eifel ist attraktiv, sie zieht viele Menschen an, weil sie gehört haben, weil sie wissen, dass man sich hier wirklich wohlfühlen kann. Aber wo ist die »unberührte Natur«? Je genauer man hinschaut, desto mehr merkt man, wie oft sich hier alles verändert hat, umgegraben wurde, zerstört und anders wiederaufgebaut worden ist. Ursprünglichkeit wird man in der Eifel nicht finden. Die Landschaften sind hier völlig von menschlichem Einfluss geprägt und sie sind ständig im Wandel. Was man gerade sieht, ist nur so etwas wie eine Momentaufnahme.

Mir fällt dazu die Dreiborner Hochfläche ein, ein Gebiet in der Nordeifel, etwa in der Mitte zwischen Monschau und Kall. Eigentlich – das heißt: wenn sie denn wirklich nur Natur wäre – müsste sie von Laubwald bedeckt sein. Der aber wurde vor Jahrhunderten schon gerodet, es gab Ackerbau, bis der Boden so ausgelaugt war, dass nur noch Gras und Sträucher wachsen konnten. Dann weideten dort Schafe. 1946 wurde die Hochfläche zu einem Truppenübungsplatz, und Panzer zerfurchten das Gelände. Jetzt ist sie Teil des 2004 gegründeten Nationalparks Eifel, wo man diese nur urtümlich erscheinende Landschaft bestaunen kann und sich im Juni über den blühenden Ginster freut. Aber wenn man nichts tut – und darum geht es ja eigentlich beim Nationalpark, er soll jetzt tatsächlich unberührt bleiben –, dann wird hier irgendwann wieder Wald sein. Welche Natur ist jetzt eigentlich die wirkliche Natur?

Und was ist mit den Sehenswürdigkeiten? Die Eifel hat doch wirklich einige davon. Zum Beispiel die Burg Eltz: ein fantastischer mittelalterlicher Bau, der steil über einem engen Tal nahe der Mosel aufragt. Sie ist in Deutschland zum Inbegriff einer Burg geworden. Schon in den sechziger Jahren war sie ihr Geld wert und hat es auf die Rückseite des damals ausgegebenen 500-D-Mark-Scheins geschafft. Heute trendet sie als Hintergrund für Selfies auf Instagram. Für die Eifel ist die Burg Eltz ein Aushängeschild. Doch was liegt daneben und dahinter? Wer entscheidet eigentlich, was sehenswürdig ist, wer zieht eine Linie zwischen den Highlights und dem, was vielleicht nicht ganz so hell leuchtet?

Diese Fragen lassen sich nicht so einfach beantworten. Aber so viel ist klar: Wenn man etwas sehen will, dann sollte man einfach mit dem Sehen anfangen und nicht warten, bis etwas angeblich Sehenswürdiges erscheint. Ich glaube, so erreicht man »die sonderbaren Kontinente, die sich in einem Landstrich verbergen«, von denen der britische Autor Robert Macfarlane in seinem Buch *Alte Wege* berichtet. Macfarlane wird dem Genre des *nature writing* zugerechnet, in dem die Natur nicht nur einfach beschrieben wird. Vielmehr geht es um das Erleben und die Wertschätzung der Landschaften, wird über das Verhältnis zwischen uns und der Welt um uns herum nachgedacht. In der deutschsprachigen Literatur gibt es zu diesem Genre kein direktes Gegenstück.

Sonderbar – das heißt für mich eigensinnig und herausfordernd, nicht abseitig oder kurios. Wie die sogenannte Provinz angeblich ist, das wissen wir ja längst, oder? Schräg, ein kleines bisschen beschränkt (die große Welt ist schließlich weit weg), aber selbstverständlich liebenswert, mit dem Herzen am rechten Fleck – Folklore eben. Die Versatzstücke sind verlässlich die gleichen, es geht vor allem um den Wiedererkennungswert: Guck mal da, das kennen wir doch, wie nett. So wird eine ganze Region zum Streichelzoo. Das wirklich Sonderbare dagegen ist das, was mich auf Anhieb irritiert, aber dann viel länger als gedacht nicht loslässt.

Zwischen Tourismusformatierung und Regionalfolklore muss noch ein unbekanntes Gebiet liegen, das man neu entdecken kann. Natürlich

Kurioses aus der »Provinz«

nicht im wörtlichen Sinn: Man sollte sich nicht einbilden, irgendwie, irgendwo, irgendwann die oder der Erste zu sein. Das Zeitalter der Entdeckungen und Eroberungen ist vorbei. Es sind immer schon andere vor einem da gewesen, und deswegen hat man auch nicht das Recht, dort seine eigene Fahne aufzustellen. Was man aber sehr wohl darf und immer wieder kann: Einen Ort, eine Landschaft anders sehen und eine frische Beziehung dazu aufbauen. Auch manche Instagrammer tun das, die keine Lust haben, nur die Fotos der anderen nachzustellen, und stattdessen mit ihrem eigenen Blickwinkel experimentieren. Denke ich an Robert Macfarlanes »sonderbare Kontinente«, dann frage ich mich: Kann ich der Eifel so gespannt begegnen wie Australien oder Südamerika? Kann ich von ihr so erzählen wie Reinhold Messner vom Hochgebirge? Auch wenn nicht von Anfang an klar ist, wie das geht, muss es möglich sein. Es gibt Vorbilder, die dabei helfen können.

Vor einiger Zeit sah ich zum ersten Mal die Filmreihe *Heimat* von Edgar Reitz. Sie spielt im Hunsrück, der Region, in der Reitz aufgewachsen ist und die im Süden, jenseits des Moseltals, direkt an die Eifel anschließt. *Heimat* besteht aus über 30 Filmen. Reitz hat 1981 damit begonnen und es ist sein Lebensprojekt geworden. Das ganze 20. Jahrhundert, alle Errungenschaften und alle Extreme, lässt er in *Heimat* durch ein fiktives Hunsrückdorf ziehen. Schabbach, so lautet sein Name, ist absolut nichts Besonderes. Warum sollte man sich dafür interessieren? Ich glaube, es ist Reitz gelungen, hier eine ganze Welt zu zeigen, »in a nutshell«, wie man im Englischen sagt, in knappster Form zusammengedrängt wie in einer Nussschale. Heil ist diese Welt nicht, nie gewesen, sie ist: sonderbar, schön und melancholisch und meistens in der Schwebe zwischen allen Gegensätzen.

Den Hunsrück und die Eifel verbindet seit Kurzem eine Brücke, der sogenannte Hochmoselübergang. Für einige Leute wird diese Brücke bestimmt nützlich sein, um über das Moseltal hinweg schnell nach Frankfurt am Main zu kommen. Sie sei, heißt es, ein Verkehrsprojekt von europäischer Bedeutung. Es ist beeindruckend, wie sich die Brückenpfeiler aus dem Tal strecken, um die vierspurige Straße auf einer Höhe von bis zu 158 Metern über dem Grund zu tragen und sie eine Distanz von 1,7 Kilometern überwinden zu lassen. Sogar den Kölner Dom könnte man unter diesem Verkehrsbauwerk parken. Zugleich ist die neue Moselbrücke auch ein harter Einschnitt in die Landschaft. Die »Weinpäpste« Hugh Johnson und Stuart Pigott hatten gegen den Bau der Bundesstraße protestiert, weil sie um die Qualität des Moselrieslings fürchteten. Auch damals hatten internationale Zeitungen über die Region berichtet. Als ich das erste Mal von dem Vorhaben hörte, das noch aus den sechziger Jahren stammt, war ich entsetzt. Jetzt ist es abgeschlossen und die Brücke steht da für die nächsten Jahrzehnte.

Aber wenn man sagt, dass dieses Ding hier nicht hingehört, stellt man dann nicht irgendeinen früheren Zustand als einzig richtigen hin? Soll man das Moseltal, den Hunsrück und die Eifel etwa konservieren wie Oliven in der Salzlake, weil man zu wissen glaubt, wie diese Gegenden auszusehen haben? Andererseits: Sieht so der Fortschritt aus, den wir wollen? Wenn Edgar Reitz seine *Heimat*-Reihe noch fortsetzen wollte, würde er – das stelle ich mir zumindest vor – dieses widerspruchsvolle Riesenbauwerk zum Thema machen. Nicht nur, weil er fast in Sichtweite des Hochmoselübergangs aufgewachsen ist, sondern weil die Brücke eine Errungenschaft ist, aber auch ein Extrem, weil sie eine gewisse Schönheit hat, aber einen auch melancholisch machen kann, wenn man sich fragt, wie es wohl ohne sie wäre an der Moselschleife bei Ürzig, am Südrand der Eifel.

Ich will keine Filme drehen und bin auch überhaupt nicht gut darin, Geschichten zu erfinden. Einfach berichten, was ich wahrgenommen habe, das wird gehen, in Worten und mit Bildern. Ich will die Eifel loben, so wie der niederländische Schriftsteller David van Reybrouck, der in seinem Buch *Oden* Erfahrungen, Dinge und Menschen, die ihm wichtig sind – das Zuhören, den Frühling oder Leonard Cohen –, geradezu besungen hat. Damit das etwas wird, muss ich aber auch durch Widerstände hindurchgehen. Der erste Versuch dazu war dieser Prolog Nummer eins, auf den gleich noch ein zweiter folgen muss.

Landschaft, Geschichte und Volksleben.

Zugleich

ein Führer für Ahrreisende.

Mit einem Stahlstich nach Originalzeichnung.

Von

Gottfried Kinkel.

Bonn,

Verlag von T. Habicht.

1846.

Prolog 2: Reiseführer

Sie haben das beste Stück meines Lebens erhöht und verschönt, und das werde ich Ihnen nie vergessen.
(Jacob Burckhardt an seinen Lehrer Gottfried Kinkel)

Ein anderes Vorbild für mich und dieses Buch ist noch viel älter, aber es bleibt – anders kann ich es nicht sagen, obwohl das so abgedroschen klingt – inspirierend. Es ist der Gelehrte, Schriftsteller und demokratische Vordenker Gottfried Kinkel, den kaum noch jemand zu kennen scheint, obwohl Straßen und Schulen nach ihm benannt sind.

Kinkel wurde 1815 in Oberkassel geboren, das heute ein Stadtteil von Bonn ist. Wie sein strenger Vater wurde er zunächst pflichtgemäß evangelischer Pastor. Der junge Theologe war zugleich das, was man einen Schöngeist nennt: Er war der Literatur und der Kunst zugetan, aber wohl auch ein wenig weltfremd. In der unruhigen Zeit des sogenannten Vormärz politisierte Kinkel sich jedoch mehr und mehr. Als leitender Redakteur machte er die *Bonner Zeitung* zu einer wichtigen Stimme für den demokratischen Aufbruch im Rheinland. Weil er sich immer auch als Dichter verstanden und geübt hatte, konnte er genau beobachten, konnte polemisch schreiben, gelegentlich auch mit Selbstironie. Dank des Ansehens, das Kinkel sich so erarbeitet hatte, wurde er bald darauf in das preußische Abgeordnetenhaus gewählt, wo er sich als von allen Seiten anerkannter brillanter Redner Wortgefechte mit dem späteren Reichskanzler Otto von Bismarck lieferte. Schließlich wurde er zu einer Symbolfigur der Revolution von 1848/49 – und ist zusammen mit ihr als Politiker gescheitert. Aber inzwischen hat sich der Blick auf diese Zeit geändert: Die Historikerin Alexandra Bleyer sieht die verhinderte Revolution von 1848 dennoch als eine »Erfolgsgeschichte« mit langfristigen Auswirkungen.

Auf seine kurze Zeit in der Politik lässt sich dieser Gottfried Kinkel ohnehin nicht reduzieren. Neben all dem anderen, wofür er heute noch mehr oder weniger bekannt ist, hat Kinkel schon als junger Mann – deutlich jünger als ich jetzt, wie ich mir klarmachen musste – die Eifel erkundet. Es gab damals noch kein Auto, keine Eisenbahn, und im Ahrtal, wo Kinkel vor allem seiner Wege ging, noch nicht einmal ausgebaute Straßen. Am Oberlauf der Ahr kam man selbst zu Fuß oft kaum voran. Dementsprechend isoliert waren die Einheimischen dort. Versucht man sich diese Zeit auszumalen, dann beschleicht einen das Gefühl, dass die katastrophalen Erlebnisse vieler Menschen während und nach der Flut im Juli 2021 damals, zur Mitte des 19. Jahrhunderts, in gewisser Hinsicht die Normalität waren: In manchen Abschnitten des Ahrtals war man abgeschnitten, auf sich selbst gestellt und den Umständen ausgeliefert, nicht zuletzt den Überschwemmungen, die es auch früher schon gege-

ben hat. Das Hochwasser von 1804, ebenfalls im Juli, nur wenige Kalendertage später, muss sogar noch größere Wassermassen mit sich geführt haben als das von 2021.
Über diesen fremden Kontinent hat Gottfried Kinkel 1846 ein Buch veröffentlicht, das mich immer wieder staunen gemacht hat. Es heißt ganz schlicht *Die Ahr* und bietet sich an als ein »Führer für Ahrreisende«. Vielleicht war es angeregt worden durch den großen Erfolg, den der Koblenzer Verleger Karl Baedecker in den 1830er Jahren mit der *Rheinreise* hatte, dem ersten seiner roten Reiseführer, die für die Bildungsbürger bald zur Pflichtlektüre wurden. Kinkel aber schrieb mehr in sein Buch als ein paar Hinweise auf Sehenswürdigkeiten und praktische Ratschläge. Er führt seine Leserinnen und Leser tief in die Geschichte, kennt historische Bauwerke genauso wie Naturphänomene, fügt Gedichte und Sagen ein und zeichnet so ein lebendiges Bild der Region, die bei ihm, wie lange Zeit üblich, noch »Eiffel« heißt. Mehr noch, er macht mit seiner Schrift Sozialpolitik, er interessiert sich für das harte Leben der Menschen, spricht mit ihnen, statt sie nur als Staffage in der Landschaft zu betrachten, und stellt Vorschläge zur Verbesserung ihrer Lebensverhältnisse in den Raum. Schonungslos zeigt Kinkel in seinem Buch – und damit kommt er jetzt zum ersten Mal selbst zu Wort – »statt romantischer Schilderung idyllischen Bauernglücks den wirklichen Notstand« in diesem Teil der Eifel.

Es dürfte nicht ganz leicht gewesen sein, mit Kinkel zu Fuß Schritt zu halten. Wenn er das machte, was er selbst eine »scharfe Wanderung« nennt, muss er zum Teil erhebliche Strecken zurückgelegt haben. Für eine Distanz von 30 Kilometern genügten ihm dann ein Vor- oder Nachmittag, auch Wind und Schnee hielten ihn nicht

Gottfried Kinkel (1849)

auf. Wahrscheinlich war er über 1,90 Meter groß und hatte einen athletischen Körperbau. Da er am Rhein aufgewachsen war, sah er es als ganz selbstverständlich an, dass der große Strom auch »dem Schwimmer gehöre«. Nachdem er an der Bonner Universität zu unterrichten begonnen hatte, machte Kinkel mit einem gleichaltrigen Kollegen »Schwimmfahrten«: Die beiden liefen von Bonn aus über die Höhen Richtung Süden, sprangen dann in den Fluss und ließen sich bis in die Stadt zurücktreiben. In den gepflegten Ausflugslokalen am Rheinufer schüttelten die älteren Professoren den Kopf, wenn die jungen Dozenten im Wasser an ihnen vorbeischossen. Mit seiner ersten Frau Johanna kam Kinkel zusammen, als er die Nichtschwimmerin nach einem Bootsunfall aus dem Wasser rettete. In ihrer Beziehung waren die Rollen übrigens nicht so eindeutig verteilt: Über alles, was sie bewegte, haben die beiden intensiv gesprochen und diskutiert. Nicht selten war es dabei Johanna, die Gottfried neue Anregungen gab. Als Musiklehrerin und Chorleiterin musste sie anfangs für ein regelmäßiges Einkommen des Paares sorgen. Viele meinen, dass sie auch das politische Bewusstsein ihres Mannes geschärft hat.

Gottfried Kinkel und Carl Schurz

»Kinkel war ein auffallend schöner Mann, von regelmäßigen Gesichtszügen«, so sagt es, nein, nicht Johanna, sondern sein Freund Carl Schurz über ihn: »Unter seiner von schwarzem Haupthaar beschatteten breiten Stirn leuchtete ein Paar dunkler Augen hervor, deren Feuer selbst durch die Brille, die er damals durch seine Kurzsichtigkeit zu tragen gezwungen war, nicht gedämpft wurde. Mund und Kinn waren von einem schwarzen Vollbart umrahmt. Kinkel besaß eine wunderbare Stimme – zugleich stark und weich, hoch und tief, gewaltig und rührend in ihren Tönen, schmeichelnd wie die Flöte und schmetternd wie die Posaune.« Schurz beschreibt diese Züge des Freundes Jahrzehnte später in seinen Lebenserinnerungen.

1849 hatten Carl Schurz und Gottfried Kinkel unter der schwarz-rot-goldenen Fahne für eine deutsche Demokratie gekämpft. Beide hatten sie große Zweifel, ob es richtig war, dafür zu den Waffen zu greifen, beteiligten sich dann aber doch an dem eher dilettantischen Versuch, das Zeughaus in Siegburg bei Bonn zu erstürmen. Nach dem Scheitern der Revolution in Baden geriet Kinkel in Gefangenschaft, Schurz rettete sich ins Schweizer Exil. Aber er hat den Freund, an den er sich noch Jahrzehnte später so lebendig erinnerte, dort nicht vergessen. Er plante monatelang akribisch eine Befreiung Kinkels, reiste unter höchster Gefahr für sich selbst nach Berlin und konnte ihn tatsächlich aus dem Zuchthaus in Spandau schleusen – völlig gewaltlos, weil auch ein Gefängnisaufseher Kinkel in Freiheit sehen wollte und den beiden half. Ein Reeder, der ebenfalls mit ihnen sympathisierte, brachte Kinkel und Schurz auf einem seiner Schiffe von Rostock aus nach Großbritannien. Dort allerdings trennen sich dann bald ihre Wege. Während sich Kinkel in London niederließ, ging Schurz in die USA, hat im Amerikanischen Bürgerkrieg auf der Seite der Nordstaaten Divisionen kommandiert, es zum Vertrauten des Präsidenten Abraham Lincoln und später zum Innenminister der USA gebracht.

Das alles sind andere Geschichten, mit der Eifel haben sie nichts zu tun. Aber mir wurde dadurch nach und nach klar, was für ein krasser Typ, was für eine herausragende Persönlichkeit der Autor des »Führers für Ahrreisende« gewesen ist. Offensichtlich bin ich nicht der erste, den er mit seiner Sicht auf die Welt beeinflusst und als Mensch auch berührt hat. So vielschichtig wie er selbst war auch Gottfried Kinkels Verhältnis zur Eifel. Es war zugleich emotional und intellektu-

»Panorama der Gegend von Altenahr«, aus *Die Ahr*

ell, für Kinkel war das kein Widerspruch. Als zu Anfang des Jahres 1841 die Zukunft seiner Beziehung zu Johanna noch unsicher war – er war zu diesem Zeitpunkt noch protestantischer Theologe, sie eine geschiedene Katholikin, in Bonn war das ein Skandal – machte er etwas sehr Modernes: Er nahm sich eine Auszeit, versuchte den Kopf frei zu bekommen und ging dazu, natürlich, in die Eifel. Wenn man seinen späteren Aufzeichnungen glauben darf, ist er mehrere Tage alleine durch die ihm vertraute Gegend gelaufen. Er kämpfte sich durch hohen Schnee und brüllte den Namen der Geliebten von einsamen Höhen. In einem seiner Gedichte, die ihren Ursprung in diesen Wintertagen haben, beschwört Kinkel sich selbst: »Rings in die Thale senket / sich Finsterniß mit Macht – Wirf ab, Herz, was dich kränket / Und was dir bange macht!« Als er wieder an seiner Wohnung in Poppelsdorf bei Bonn ankommt, fühlt er sich tatsächlich gestärkt und hat neue Zuversicht gefasst.

Aber Kinkel zeigt sich in seinem Buch über das Ahrtal und die Eifel auch als Forscher, als jemand, der etwas wissen will, der sich in diese Gegenden vertieft, sich mit ihnen verbindet und diesen Zugang auch anderen ermöglichen möchte. Wenn er über die Vergangenheit schreibt, dann denkt er dabei auch an die Zukunft. Die Geschichte der Eifel und des Rheinlands sieht er als Baustein einer gesamtdeutschen Geschichte, die es in dieser Zeit des Flickenteppichs aus vielen kleinen deutschen Staaten noch gar nicht gibt. Deswegen ist er kein nach innen gerichteter Heimatkundler. An der Region, die er beschreibt, interessiert ihn gerade auch »ihr Verwachsen mit den großen Geschicken der übrigen Welt«. Er hatte, kurz gesagt, schon den Blick für das Sonderbare in der Eifel.

Kinkels Ahr-Buch konnte kein großer Erfolg werden und bestenfalls eine überschaubare Leserschaft im Rheinland erreichen. Aber es erwies sich als sehr gut haltbar, wurde immer wieder in neuen Auflagen gedruckt, man würde heute sagen: Es wurde zu einem Longseller. Dennoch war er selbst nicht richtig zufrieden damit. Das Buch sei »eine verdienstliche Monografie« geworden, die einiges Neue enthalte zur Geschichte der Region. Kinkel hatte sich in die Arbeit gestürzt, er »suchte im Ahrtal selbst in Klosterchroniken, Taufbüchern und Gemeinderegistern eine Masse handschriftlicher Nachrichten zusammen«, verband das mit seinen eigenen Eindrücken und verfasste etwas, bei dem zunächst nicht klar war, an wen es sich eigentlich richtete und das in keine Kategorie passte. »Leider«, so hielt er später lakonisch fest, »liegt dem Reisenden an Gelehrsamkeit wenig, und der Forscher sucht sie nicht in einem *guide du voyageur*«, also einem scheinbar anspruchslosen Reiseführer. Nicht zuletzt, klagte Kinkel, »war bei der Art, wie ich die Sache arbeitete, wieder nicht sonderlich Geld zu verdienen«. Er hätte es zu dieser Zeit gut brauchen können.

Eigentlich war das Buch also in vielerlei Hinsicht ein Fehlschlag. Anscheinend ist aber gerade dadurch etwas sehr Individuelles entstanden, eine Betrachtung des Ahrtals und der Eifel, wie es bis heute keine andere gibt und in die ich immer wieder hineinschauen will. Manches in der Region erkennt man bei Kinkel sofort wieder. Dann kommt man dem Autor überraschend nahe, weil man mit ihm etwas teilt, zum Beispiel den Ausblick auf die Hocheifel vom Hasenberg oberhalb der Ahr, ein »prächtiges Bergpanorama«, aus dem sehr deutlich mehrere der höchsten Erhebungen der Eifel hervortreten. Andere Umgebungen haben sich so sehr verändert, dass sie unerreichbar fern bleiben, selbst wenn man sich heute am selben geographischen Punkt befindet. So oder so: Geht man durch die heutige Eifel mit Kinkels Buch, dann bekommt die Gegend eine neue Tiefendimension. Man kann sich von Kinkel mitnehmen lassen, denn neben allem anderen ist das Buch schließlich doch auch ein Wegweiser und enthält Vorschläge für »Touren« durch die Region, wie das auch damals schon hieß. Man kann sie – eineinhalb, bald zwei Jahrhunderte später – noch immer nachgehen. Aber Achtung, warnt Kinkel, denn »wer mit fröhlichem Muth und eilendem Fuß das Thal durchwandert und nur die Schenkenschilder und schönen Aussichten ins Auge faßt«, wird nicht das wahrnehmen, worum es ihm ging.

Was also würde man sehen in der Eifel, wenn man heute, im dritten Jahrzehnt des 21. Jahrhunderts, so aufgeschlossen, vielseitig und engagiert unterwegs wäre, wie Kinkel es zu seiner Zeit war? Meine Antwort ist: Zusammenhänge. Ich glaube tatsächlich, dass gerade die Eifel ein guter Ort ist, um die eigene Existenz in größeren Zusammenhängen wahrzunehmen. Und das ist keine Kleinigkeit. Der Dalai Lama, der auch religionsübergreifend geschätzte spirituelle Repräsentant des tibetischen Buddhismus, sagte vor einiger Zeit, die wichtigste Erkenntnis seines sechzig Jahre andauernden Nachdenkens sei, dass es nichts gebe, das unabhängig von allem anderen existiere. Ich weiß, es ist hoch gegriffen, wenn ich sozusagen eine Abkürzung zu dieser Einsicht anbieten will. Aber genau davon handelt diese Welt-Reise durch die Eifel.

Ehemaliger Bahnhof Hasborn

Verkehrswenden

Eine neue Goldene Ära der Bahn ist möglich.
(Thomas Wüpper)

Zwischen Gottfried Kinkel und mir gibt es mit Blick auf die Eifel allerdings einen Unterschied, der vieles verändert: Ich fahre Bahn. Kinkel erlebte zwar den Anfang des Eisenbahnzeitalters im Rheinland, in seinem Buch erwähnt er sogar den damals ganz neuen Bahnhof in Bonn, der allerdings wohl noch ziemlich dürftig wirkte, aber es war eben nur ein Anfang. In die Eifel wurden erst zwei, drei Jahrzehnte später Schienenwege geführt, Kinkel konnte noch nicht so leicht dorthin gleiten. Wenn ihm der Weg dann doch zu weit wurde, hatte er höchstens die Möglichkeit, sich »einen Wagen« zu nehmen: Er ließ sich in einem Pferdefuhrwerk an sein nächstes Ziel bringen, was an der Ahr für jemanden aus der Stadt nicht besonders teuer gewesen zu sein scheint.

Auch mir werden Wege zu weit, doch die Taxiunternehmen sind heute nicht mehr so günstig. Nicht nur deswegen ist für mich das Bahnfahren die erste Wahl. Ohne die Bahn gäbe es dieses Buch nicht. Sogar lesen kann man unterwegs, ich in Kinkels Buch, und vielleicht liest jemand diese Zeilen während einer ruhigen Fahrt über Schienen? Das Bahnfahren, so erklärte mir einmal ein Freund, sei selbst wie ein Gedicht oder ein Musikstück, die Bahnhöfe gäben das Versmaß oder den Takt vor. Im Auto rolle man ungebunden überallhin, so als lese man eine endlose Prosa, bis man willkürlich irgendwo abbricht. Dagegen bietet die Bahn eine begrenzte, aber innerhalb ihres Systems doch großartige Bewegungsfreiheit. Mit ihr ist das Ziel einer Tour nicht zwangsläufig vorherbestimmt: Es entfällt der Zwang, am Ende immer zum Parkplatz des eigenen Autos zurückzulaufen, das einen zwar überall hinbringt, aber auch an die Kette legt. Wenn ich mit dem Zug fahre, kann ich auch spontan noch weitergehen: Bin ich in Nettersheim noch nicht müde, dann laufe ich einfach bis nach Urft und steige dort ein. Aber zugegeben, überall ankommen und abfahren kann ich mit der Bahn nicht. In der Eifel hat sich der Schienenverkehr immer wieder gewandelt, seine Geschichte ist keine geradlinige. Um dieses Auf und Ab soll es hier gehen: Ein lang anhaltender Aufstieg, dann ein Rückgang fast bis zum völligen Verebben. Plötzlich ein harter Schnitt, nichts geht mehr. Und vielleicht dann ein ganz neuer Anfang?

Von der Bahnlinie zwischen Köln und Bonn, die zu Kinkels Zeit gerade fertig geworden war, zweigte ab 1875 eine andere Strecke ab. Bei dem damals völlig unbedeutenden, heute in einem merkwürdigen Zwischenstadtraum liegenden Ort Kalscheuren trennen sich damals die Wege: Links geht es wie gehabt nach Bonn, rechts nach Euskirchen und ab dort von Nord nach Süd fast durch die ganze Eifel, immer durchs Tal, an den Flüssen Urft und Kyll entlang, die wunderschöne

Mäander ausgebildet haben, weiter nach Gerolstein und bis nach Trier. Das alles ist bis zuletzt so geblieben.

Andere Strecken kamen bald dazu: Die Querbahn in Ost-West-Richtung zwischen Andernach am Rhein und Gerolstein als dem Anschlusspunkt an die schon vorhandene Strecke, schließlich auch eine Trasse, die das für Kinkel zum Teil noch so schwer zugängliche Ahrtal erschloss. Über Nebenstrecken wurden sogar wirklich abgelegene Orte wie Neuerburg in der äußersten Westeifel angebunden. Keine Sorge, man muss das nicht komplett nacherzählen. Es steht sowieso alles in der Wikipedia, jede Einzelheit des Bahnbetriebs in den fünfziger Jahren zum Beispiel ist dokumentiert, von jedem Provinzbahnhof – wie natürlich nur Außenstehende sagen würden – gibt es Fotos, weil der Enthusiasmus von Eisenbahn-Fans unbegrenzt erscheint und weil da offenbar viele schreiben, die den Betrieb auch von innen kennen.

Aus der Fülle an Daten, Ortsnamen und Triebwagenbaureihen kommen aber für uns, die wir ja auf einer Welt-Reise sind, Zusammenhänge ans Licht. Die Bahn selbst ist das Mittel, das Zusammenhänge hergestellt hat. Zu seiner Hochzeit hat das Streckensystem in der Eifel wirklich den Namen Netz verdient: Es war dicht und verwob Orte, die bis dahin Flecken in der Landschaft gewesen waren, in neue Beziehungen. Was sich am Ende des 19. Jahrhunderts abgespielt hat, nicht nur in der Eifel, sondern in vielen Teilen der Welt, war nicht weniger als eine »Transportrevolution«. Der hochfliegende Ausdruck ist nicht von mir, ich habe ihn übernommen von dem Historiker Jürgen Osterhammel, der eigentlich ein nüchterner Analytiker ist. Für Osterhammel ist die durch die Eisenbahn angestoßene Revolution Teil von etwas noch größerem, einer »Verwandlung der Welt«, dem in vielerlei Hinsicht auch gewaltsamen Weg von der Vormoderne in die Moderne.

Man kann sagen: Mit der Eisenbahn begann in der Eifel eine neue Zeitrechnung, weil sich die räumlichen Verhältnisse änderten. Orte wie Jünkerath, die im Tal an der neuen Bahnstrecke lagen, erlebten einen ungeahnten Aufschwung. Das ist heute nicht mehr auf Anhieb zu erkennen, erklärt aber, warum ausgerechnet Jünkerath ein Eisenbahnmuseum hat – laut Wikipedia gibt es dort eine »einmalige Sammlung von Eisenbahnerdienstmützen«. Das wenig entfernte Blankenheim, von dessen Burg aus die Gegend über lange Zeit beherrscht worden war, liegt aber auf der Höhe. Deshalb gab es keine Chance, die Eisenbahn dorthin zu führen, und Blankenheim wurde zu einer Ortschaft unter anderen. Am Bahnhof Blankenheim-Wald, der im Tal noch pflichtschuldig angelegt worden ist, wurden sogar zwei forsthausartige, verschieferte Bahnhofsgebäude errichtet, die wie Wächter links und rechts der Gleise Position bezogen haben. Doch der Haltepunkt ist bis heute so abgelegen, wie sein Name sich anhört.

Das mit der Zeitrechnung hat aber noch einen anderen, viel konkreteren Sinn, woran kaum noch jemand denkt, wenn von den Uhren die Rede ist, die auf dem Land anders gehen als in der Stadt. Wenn man heute von Deutschland nach Japan fliegt, dann weiß man vorab, dass man dort seine Uhr exakt sieben, während des Sommers acht Stunden vorstellen muss (falls die Uhr das nicht schon automatisch macht). Dieses perfekt abgestimmte System ist aber nicht vom Himmel gefallen, es musste erst erfunden und durch internationale Vereinbarungen in Kraft gesetzt werden. Vor der Einführung dieser *stan-*

Bahnfahren

dard time bis in die Zeit, als die Bahnstrecke von Köln nach Trier angelegt wurde, gab es, daran erinnert Jürgen Osterhammel, nur Ortszeiten, das heißt: »Jeder Ort oder zumindest jede Region stellte die Uhren nach der jeweiligen Einschätzung des Sonnenhöchststandes.« Wenn aber in Köln am Rhein wirklich die Uhren anders gingen als zum Beispiel in Schmidtheim nahe der Urftquelle, dann war es kaum möglich, einen sinnvollen Fahrplan zu schreiben: »Die Fahrgäste mussten selbst kalkulieren, wann sie irgendwo ankommen würden.« Dieses mit der Eisenbahn überall auftauchende Problem gab den Anstoß zur internationalen Vereinheitlichung der Uhrzeit. Den Aufwand für diese Lösung hat man im 20. Jahrhundert bald vergessen. Heute erscheint das alles fast surreal, weil unsere Wirklichkeit so unerbittlich durchgetaktet ist. Im besten Fall kommt sogar der Zug pünktlich.

Wenn er denn noch kommt. Die nächste Welle der Verwandlung, nach dem Zweiten Weltkrieg, war noch intensiver als die Revolutionen fünfzig oder sechzig Jahre zuvor. Manche sprechen auch von einem »1950ies syndrome«, einer sprunghaften, gar fieberhaften Steigerung auf allen Gebieten von Wirtschaft und Gesellschaft, angetrieben vor allem von billigem Öl, weite Teile der Welt erfassend und mit ihnen auch die Eisenbahn. Zunehmend galt sie als »nicht mehr zeitgemäß«, der große Beschleuniger und Vereinheitlicher wurde selbst durch einen neuen Standard ersetzt: die Automobilität. Bei der Bahn in der Eifel ging nicht mehr viel voran. Bis in die siebziger Jahre waren dort noch Dampfloks im Einsatz. Das hört sich romantisch an, zeigt aber, wie wenig hier noch in die Schiene investiert wurde. In dem kleinen Ort Satzvey an der Strecke zwischen Köln und Trier gab es noch bis vor Kurzem ein mechanisches Stellwerk. Man konnte auf dem Bahnsteig dabei zusehen, wie der diensthabende Bahnmitarbeiter in seinem Häuschen schwere gusseiserne Hebel umlegte, bevor der nächste Zug einfuhr. Wer braucht eigentlich ein Eisenbahnmuseum, wenn die Realität im Schienenverkehr hier selbst museal ist?

Immer mehr Strecken wurden in diesen Jahren stillgelegt. Von dem beachtlichen Eisenbahnnetz der Eifel blieben einige von den Ballungsräumen ausgehende Leinen übrig, mit teilweise losen, immer weiter abreißenden Enden. In Städte wie Schleiden oder Daun, zweifellos Fixpunkte in ihrer Umgebung, kommt man jetzt nur noch auf der Straße. Es hätte nicht viel gefehlt und die Eifel wäre ganz aus den Fahrplänen gestrichen worden. Viele der aufgegebenen Bahnstrecken sind zu Radwegen geworden, wogegen eigentlich niemand etwas haben kann. Die ehemaligen Bahnhofsgebäude verfallen oder stehen malerisch, aber einsam in der Gegend herum, wie in Hasborn, wo für viele Jahrzehnte der Zug zwischen Wittlich nahe der Mosel und der Kreisstadt Daun einen Halt auf seiner gewunden Strecke hatte. Ist mit solchen *lost places*, mit solchen sonderbaren Relikten wie dem Bahnhof von Hasborn diese Geschichte hier zu Ende, soll es das schon gewesen sein?

Sollen oder nicht sollen, diese Frage stellte sich im Juli 2021 nicht. Es wurden Fakten geschaffen durch unfassbare Regenmengen, die wahrscheinlich keine unvermeidliche Naturkatastrophe mehr waren, sondern selbst eine Folge aller vorangegangenen Verwandlungen der Welt, die auch auf den Wasserhaushalt der Atmosphäre Einfluss genommen haben. Nach dem Hochwasser hatten fast alle Bahnlinien in der Eifel ihren Betrieb eingestellt. Die so reizvoll verlaufenden Routen durch die Täler von Ahr, Urft oder Erft wurden ihnen zum Verhängnis: Gleise wurden unterspült, die Technik zerstört, an manchen Orten war von den Strecken kaum noch etwas zu sehen. Auch schwere Brücken waren nicht nur beschädigt, sie waren vom Wasser mitgerissen worden. Noch Tage vorher war ich selbst an einem traumhaften Abend im Ahrtal gewesen. An dem versteckten, selbst am Wochenende wenig genutzten Bahnhof in Rech war ich in der Dämmerung eingestiegen und wurde im letzten Licht des Tages zurückgefahren. Alles sehr vertraut, sehr stimmig und scheinbar zeitlos, heute genauso wie gestern und morgen. Doch wenig später gab es das alles so nicht mehr.

Aber: 2021 war auch das Jahr der Schiene. Zumindest hatten die Institutionen der Europäischen Union es dazu erklärt. Es sieht wirklich so aus, als sei das kein hohler Aktionismus. Plötzlich ist wieder Geld da für Züge und Gleise, weil es wiedermal so wie bisher nicht weitergeht, weil immer mehr Autos – und sonst nichts – als Problemlöser nicht mehr überzeugen. Der Wiederaufbau der Bahnstrecken in der Eifel wird zwar Jahre dauern, aber kann auch der Beginn von etwas Neuem sein. In den Jahren davor hatten schon die Diskussionen begonnen, wie man die Schiene in der Eifel wieder aufwerten könne. Man wird auch nicht immer weiter mit Dieselloks herumfahren wollen, wenn diese Antriebe aus dem Straßenverkehr schon zum größten Teil verschwunden sein werden. Aber wann und wo

Durchfahrt Kalscheuren

sollte es losgehen? Diese Fragen sind beantwortet worden durch die berühmt-berüchtigte »höhere Gewalt«: jetzt und dort, wo sowieso gebaut werden muss. Aus einer Ausnahmesituationen wie der Unwetterkatastrophe kann im besten Fall eine positive Eigendynamik entstehen. Es werden Dinge möglich, an die vorher nicht zu denken war. Plötzlich war jetzt zu hören, dass die Bahnstrecken in der Eifel und Voreifel nicht erst irgendwann nach 2030, sondern schon in wenigen Jahren elektrifiziert werden sollen, und eigentlich am besten sofort.

Genauso plötzlich erschien die Eifelquerbahn zwischen Andernach und Gerolstein wieder auf der Bildfläche, genauer gesagt: der kleine Verein, der sich für die in Teilen stillgelegte Bahnstrecke engagiert. Die Trasse war auch zu einer dieser losen Leinen geworden, mit dem Schlusspunkt Kaisersesch, wo in den letzten Jahren alle Personen- und Güterzüge enden mussten. Der Eifelquerbahn-Verein wusste als einziger genau bescheid, wie es jenseits von Kaisersesch aussah, auf den rund 50 Bahnkilometern bis Gerolstein. Sein Vorstand reagierte schnell und wies bei allen Entscheidungsträgern darauf hin, dass diese Trasse nach der Flutkatastrophe der einzige intakte Anschluss der Region an das Schienennetz war: Sie war noch kein Radweg geworden, es war noch alles da und in vernünftigem Zustand. Tatsächlich wurde daraufhin im September 2021 damit begonnen, die von Sträuchern überwucherte Strecke wieder freizuschneiden – zunächst, um in Gerolstein gestrandete Züge abtransportieren zu können. Soweit der letzte Stand. Was wird zwischen Andernach und Gerolstein in einigen Jahren passiert sein? Ich weiß es nicht, aber unter *eifelquerbahn.com* wird es sicher nachzulesen sein.

Noch vor Kurzem standen solche Bahninitiativen unter Nostalgieverdacht. Waren das nicht Altherrenclubs, die sich mit Wehmut an Kindheitserinnerungen von ruckeligen Zugfahrten durchs schöne Land klammerten? Vielleicht konnte man das vor einiger Zeit noch so sehen, aber inzwischen ist aus den Kulissen ein neues Hintergrundbild aufgetaucht, durch das alles in einem anderen Zusammenhang erscheint. Darauf steht: Verkehrswende. Wenn in der Eifel Bahnstrecken reaktiviert werden, dann ist das kein bloß lokales Anliegen und erst recht kein rückwärtsgewandtes. Es greift da etwas ineinander – und das führt dazu, dass die alten Bahntrassen plötzlich wieder sehr wertvoll werden, wie ein mittelalterliches Wandgemälde, das irgendwann aus Desinteresse überstrichen worden ist und dann von einer späteren Epoche wiederentdeckt wird.

Gerade in einer Region wie der Eifel, wo nicht alles immer rundläuft, sieht man, wie wichtig Menschen sind, die sich *für* etwas einsetzen. Etliche bahnfreundliche Gruppierungen aus der Gegend haben sich inzwischen zusammengeschlossen zum Bündnis *für* eine Verkehrswende im nördlichen Rheinland-Pfalz. Dort werden nicht nur Wikipedia-Artikel geschrieben. Eisenbahnvereine, Fahrgastorganisationen und Umweltverbände bilden gemeinsam eine Lobby, sie beziehen dort Position, wo bisher niemand war. Sie wissen, wovon sie sprechen, entwerfen selbst neue Fahrpläne und denken dabei an die neuesten Technologien, von denen die Öffentlichkeit noch keine Ahnung hat, wie die batterie-elektrischen Antriebe: So ausgestattete Züge werden an der Oberleitung fahren, so lange es eine gibt, laden daran einen Akku auf, um dann auch jenseits des Stromanschlusses weiterfahren zu können.

Das hört sich erst einmal alles sehr mühsam und technisch an. So klingt auf den ersten Blick auch das Motto des Verkehrswende-Bündnisses: »Wir wollen einsteigen, umsteigen, ankommen und weiter kommen.« Lässt man es aber ein wenig nachklingen, dann entfaltet es fast eine revolutionäre Poesie. Ich würde gerne mitfahren nach Daun, Schleiden, auch ins Ahrtal wieder – und in eine neue Zeit.

Endstation Kaisersesch

Lavakeller Mendig

Aus dem Untergrund

Furchterregend und friedlich, zerstörerisch und gütig, alles im Wechsel – so sind Vulkane.
(Katia und Maurice Krafft)

Mendig ist schwarz. Wer noch nicht in der Osteifel war, wird sich fragen, was dieser Satz bedeuten soll. Geht es um Parteipolitik? Nein, ganz falsch, und tatsächlich hat die Stadt Mendig zurzeit einen roten Bürgermeister. Gibt es hier besonders viele Anhänger der Gothic-Subkultur, die das Dunkle lieben? Eher nicht. Und überhaupt: Kann ein Ort, eine Stadt eine Farbe haben?

Wer Mendig schon kennt, wer schon einmal in der Gegend war oder auch nur durch einige Orte in der Osteifel gefahren ist, ahnt vielleicht, worum es geht: In der Umgebung von Mendig werden seit langer Zeit Basalte abgebaut. Die Gesteine sind feinporig und anthrazitfarben. Schon im Mittelalter sind sie als robustes Baumaterial verwendet worden. Wenn Basalt in einer Fassade eine Zeit lang den Umwelteinflüssen ausgesetzt ist, wird er beinahe schwarz. Zumindest früher, bis zum Zweiten Weltkrieg, wurde in Mendig fast alles aus den dort vorhandenen Basalten gebaut. Deshalb ist Mendig schwarz, man kann das kaum übersehen.

Bahnhof Mendig

Falls die Begegnung mit Mendig den Bahnhof als Ausgangspunkt hat, geht es gleich dort los. Das Bahnhofsgebäude wurde 1877 fertiggestellt, es hat auffällige gestufte Giebel zu allen Seiten, vereint gotische Stilelemente mit merkwürdigen Fensterformen, für die es gar keine Vorbilder zu geben scheint – und alles an diesem eigenwilligen Haus ist aus Basaltlava, alles ist inzwischen tiefschwarz geworden. Moderne Bahnhöfe gelten oft als eigenschaftslose Durchgangsorte, im besten Fall sind sie *clean* und stören nicht weiter. Der Bahnhof von Mendig stößt Assoziationen an. Wer hier steht, fühlt sich, wer weiß, vielleicht in einen Fantasy-Film versetzt mit düsteren Schattenreichen und finsteren Herrschern. Tatsächlich war es dann doch nur der als »Reisekaiser« verspottete Wilhelm II., der von hier aus Militärmanöver in der Eifel besucht hat. Wenn man an 1914 denkt und die Schützengräben des Ersten Weltkriegs, ist aber auch das unheimlich genug.

Zwanzig Jahre vor dem Bau des Bahnhofs, 1857, wurde in Mendig die große katholische Kirche vollendet, als Erweiterung eines kleinen mittel-

St. Cyriakus Mendig

alterlichen Baus, der mit seinem Turm zur Rechten des Neubaus stehen bleiben durfte. Die Kirche heißt Sankt Cyriakus, benannt nach einem Heiligen, von dem man sich früher Hilfe gegen schlechtes Wetter versprach. Das Mauerwerk, die Rahmung der Fenster, die Wasserschläge an den Pfeilern, von denen der Regen herabtropft, und das große Kreuz auf der Spitze des Giebels – auch hier überall die dunklen Basalte. Sankt Cyriakus wurde von dem Architekten Vincenz Statz entworfen, der an der Kölner Dombauhütte gelernt hatte und im Rheinland viele Kirchen erbaut hat. Aber außer einer in Koblenz, bei der auch Mendiger Basalt verwendet worden ist, gleicht keine davon Sankt Cyriakus. Nur in der Abendsonne wirkt dieses schroffe Gotteshaus ein wenig milder: Statz hat die Fassaden mit breiten, hellen Fugen aufmauern lassen. Wenn das Licht günstig ist, treten sie als leuchtendes Netz zwischen den Steinen hervor.

Straße in Obermendig

Man kann sich auch fragen, warum damals in diesem Eifelstädtchen überhaupt eine dermaßen große Kirche gebaut worden ist. Die Antwort ist einfach: Weil man es sich leisten konnte. Das Gestein, das rund um Mendig abgebaut worden ist, wurde nicht nur hier in der Region verwendet, es war im 19. Jahrhundert auch anderswo gefragt. Also wurden die Basalte exportiert, und Mendig verdiente für einige Zeit gut daran. Wohlhabende Steinbruchbesitzer aus dem Ort waren dann auch die treibende Kraft hinter dem Kirchenneubau. Ein Durchgang verbindet ihn mit dem Ursprungsbau, in dem einige Zeit nach den Baumaßnahmen auch noch mittelalterliche Wandmalereien freigelegt wurden, die im weiten Umkreis einzigartig sind – so wie die Cyriakuskirche im Ganzen.

Wer in Mendig einmal angefangen hat, die Spur der Steine zu verfolgen, wird noch viel mehr finden. Ihre Materialität und Farbe springt ins Auge und bestimmt den Eindruck. Die alten Wohnhäuser, die man in den beiden Ortsteilen Ober- und Niedermendig sehen kann, haben wie der Bahnhof fast schon etwas Erschreckendes, so dunkel, grob und rau wie sie sind. Von heute her betrachtet sehen viele fast wie kleine Burgen aus. Nahezu alle diese Häuser sind bewohnt und in gutem Zustand, obwohl ihr Aussehen mit den heute verbreiteten Wohnträumen so gar nichts zu tun hat. Man sieht den Unterschied, wenn man das Wort »Fertighaus« in eine Internetsuchmaschine eingibt: Egal ob Satteldachhäuser oder flache Variationen über das Bauhaus – hell und freundlich muss es sein. In Mendig sieht es anders aus. Sind Mendigs alte Häuser hässlich? Ganz und gar nicht. Aber sie sind anders, sie sind – wie war noch das Wort? Sonderbar.

Wie die Basalte, die Mendig so stark prägen, entstanden sind, darüber bestand anfangs keine Einigkeit. Anfangs, das heißt bis in die Zeit nach 1800, als der sogenannte Basaltstreit tobte, eine Auseinandersetzung, die fast so grundlegend war wie die Frage, ob die Sonne sich um die Erde drehe oder nicht doch umgekehrt. Als die Gesteine in Mendig schon in industriellem Maßstab abgebaut wurden, behaupteten die Anhänger des sogenannten Neptunismus noch, sie seien aus Ablagerungen in den Ozeanen hervorgegangen. Johann Wolfgang von Goethe, der in seinem Weimarer Haus Gesteinsproben hortete, war noch bis kurz vor seinem Tod ein entschiedener Anhänger dieser Lehre.

Junge Geologen wie Leopold von Buch konnten jedoch die These erhärten, dass die Basalte aus vulkanischer Aktivität hervorgegangen sind. Goethe hatte das nicht glauben wollen, ihm gefiel die Vorstellung nicht, dass ausgerechnet der qualmende und eruptive Vulkanismus etwas Schöpferisches sein sollte. Von Buch war einer der ersten Geologen, die raus gingen, Feldforschung betrieben und im Gelände nach Belegen für ihre Vorstellungen suchten. Er tat das zum Beispiel in der Vulkaneifel. Den durchschlagen-

Mendiger Bier

den Erfolg seiner Arbeit erkennt man daran, dass Gottfried Kinkel die Basalte wenige Jahre später in seinem Buch über das Ahrtal und die Eifel als vulkanisch bezeichnet, ganz selbstverständlich und nur noch in einem Nebensatz.

Und damit wären wir auch beim Mendiger Bier. In der kleinen Stadt in der Osteifel hat es einmal fast 30 Brauereien gegeben. Am Nordrand von Niedermendig findet sich noch die Brauerstraße, die so heißt, weil hier die Braubetriebe arbeiteten. Vulkanismus und Bier, das scheinen zwei völlig unterschiedliche Welten zu sein. Was verbindet denn Vorgänge im Inneren der Erde mit einem schlichten Getränk in der Eckkneipe? Aber selbst das Bier hat hier in Mendig mit dem Basalt zu tun. Bei der Gewinnung des Gesteins, das wegen seiner besonderen Qualität zunächst vor allem für Mühlsteine verwendet worden war und nur nebenbei als Baumaterial, entstanden unterirdische Hohlräume. Die sogenannten Lavakeller erstrecken sich unter weiten Teilen von Niedermendig, im ganzen Umfeld der Brauerstraße. Sie sind bis zu 30 Meter tief, und es ist kalt dort unten, das ganze Jahr über bleibt die Temperatur bei 6 bis 9 Grad. Schon bevor der unterirdische Basaltabbau ganz zum Erliegen gekommen war, etwa zu der Zeit, als Gottfried Kinkel die Eifel erkundete, entdeckte man, dass sich die Keller hervorragend als Lagerstätten für Bier eigneten. Anderswo brauchte man Eis aus Seen, in Niedermendig stellte das Erbe des Bergbaus eine Art riesigen Kühlschrank bereit. Was hier eingelagert gewesen war, wurde anschließend selbstbewusst als »Felsenbier« verkauft.

Allerdings hielt dieser Standortvorteil nicht ewig an. Als dann später im 19. Jahrhundert die moderne Kühltechnik erfunden wurde, ging es bergab mit den Mendiger Brauern, sie gaben auf oder zogen weg aus der Osteifel und näher zu den Kunden in den größeren Städten. Fast wäre von der Brautradition in Mendig nichts übrig geblieben und auch ich würde nicht von dieser Geschichte berichten, die eben bloß Vergangenheit wäre, eine historische Sackgasse, wenn es nicht heute noch eine Brauerei in Mendig gäbe, an der ich irgendwann zufällig vorbeigekommen bin, seitdem immer wieder dort war, wegen dem erfrischenden Hellen und dem Bourbon Barrel Doppelbock, das wieder in Holzfässern unten in den alten Lavakellern reifen darf, weshalb die Brauerei völlig zurecht einen Namen trägt, der nicht einprägsamer sein könnte und nicht enger verbunden mit der Gegend, in der sie arbeitet: Vulkan.

Mit ihrer Heimat- und Naturverbundenheit meint es die Vulkan-Brauerei wirklich ernst. Die Zeit der Corona-Lockdowns hat das Unternehmen genutzt, um die Produktion umzustellen: Die Biere dürfen jetzt das Siegel des Anbauverbandes Bioland tragen, 90 % der Rohstoffe kommen direkt aus der Region. Ihre verbleibenden CO_2-Emissionen kompensiert die Brauerei durch Investitionen in geothermische Brunnen im klei-

Ulmener Maar

nen mittelamerikanischen Land El Salvador, die »saubere, erneuerbare Energie aus dem Herzen eines Vulkans« liefern. Vielleicht sollte man, wenn man mit einem *Vulkan* anstößt, das Glas nicht heben, sondern es im Gegenteil nach unten führen, zur Erde, um sich zu erinnern, wie das alles zusammenhängt?

Leopold von Buch, der Geologe, hat sich in seiner Begeisterung für den Vulkanismus zu der Aussage hinreißen lassen, die Eifel habe »ihresgleichen nicht in der Welt«. Es war ein Satz, der später in keiner Festschrift des Eifelvereins fehlte. Dennoch ist die Eifel eng verbunden mit anderen Regionen der Erde, die vulkanisch geprägt sind, nicht nur wegen des Klimaschutzengagements der Brauerei aus Mendig. Auf den Azoren, der Inselgruppe mitten im Atlantik, begegnen einem dunkles Gestein und grau-schwarzes Mauerwerk wie in der Osteifel. Auch hier handelt es sich um Basalte, die an den älteren Bauwerken auf den Azoren aber fast immer im Kontrast stehen mit einem strahlend weißen Kalkputz. Die Inselorte sehen deshalb nicht annähernd so sonderbar dunkel aus wie Mendig. Nach dem tieferen Zusammenhang zwischen Eifel und Atlantik muss man nicht lange suchen: Der Kegel des Pico auf der gleichnamigen Azoren-Insel lässt sich leicht als Vulkan erkennen. Bier spielt dort keine Rolle, aber an den Hängen des Vulkans wird tatsächlich Wein angebaut, vor dem atlantischen Wind geschützt durch mühsam aufgeschichtete Mäuerchen aus Basaltbruchsteinen.

Der schroffe Basalt, aus dem das alte Mendig gebaut worden ist, stellt aber nicht nur Beziehungen zu anderen Gegenden der Welt her. Er hat auch eine Zeitdimension und verbindet uns mit der Vergangenheit, möglicherweise sogar mit der Zukunft. Zuerst ein Blick zurück: Der letzte Vulkanausbruch in der Eifel liegt wahrscheinlich rund 11 000 Jahre zurück. Nicht in Mendig fand er statt, die Basaltvorkommen dort sind deutlich älter, sondern 30 Kilometer entfernt bei dem Ort Ulmen. Er liegt direkt am Rand des Ulmener Maars, einem See mit gut 500 Metern Durchmesser, der die Spur dieses Ereignisses ist. Die Vertiefung ist entstanden durch eine Explosion beim Zusammentreffen von Wasser und heißem Magma aus dem Erdinneren. Der etwa 20 Meter hohe ringförmige Wall, der den Maarsee umgibt, besteht aus vulkanischer Asche und zertrümmertem Gestein, die sich zu Tuff verfestigt haben. Die viel bekanntere Caldera des Laacher Sees nahe bei Mendig ist hervorgegangen aus dem Einsturz einer unterirdischen Magmakammer, sie ist ungefähr viermal so groß wie das Ulmener Maar und etwas älter: 12 900 Jahre werden hier von der Forschung angegeben.

Das hört sich weit entfernt an, und nach menschlichen Maßstäben ist es das ja auch, weil wir persönlich vielleicht noch von den eigenen Urgroßeltern etwas wissen, jenseits davon aber nur Überlieferungen haben, weil unsere ganze menschliche Zivilisation mit allem, was dazugehört, gar nicht so weit zurückreicht. In jedem Geologie-Anfängerkurs an der Uni lernt man aber, in ganz anderen Zeiträumen zu denken, in Millionen und sogar Milliarden Jahren, man spricht auch von der Tiefenzeit. Im Verhältnis dazu sind 11 000 Jahre kein großer zeitlicher Abstand, der etwa sicherstellen könnte, dass die Zukunft nicht ähnlich aussieht wie die Vergangenheit. Zur Eifel schreibt die Deutsche Geophysikalische Gesellschaft deshalb, der Vulkanismus dort sei

> *so jung, dass es [...] ein realistisches Potenzial gibt, auch in Zukunft wieder Vulkanausbrüche zu beobachten. [...] Die Wahrscheinlichkeit von zukünftigen Vulkanausbrüchen in der Eifel in unmittelbarer Zukunft ist niedrig, doch sind sie auch nicht grundsätzlich auszuschließen.*

Ob der Heilige Cyriakus, der in Mendig verehrt wird, auch davor schützen kann? Jedes Kind weiß in dieser Gegend, dass zum Beispiel an manchen Stellen des Laacher Sees kleine Gasbläschen aufsteigen. Es passiert etwas im Untergrund, immer noch, und zu wissen, dass da etwas ist, hebt diese Landschaft von anderen ab, es gibt ihr eine besondere Dringlichkeit. Nicht direkt etwas Beunruhigendes, das wäre übertrieben, aber doch etwas Unruhiges geht von der Vulkaneifel aus. Wenn es Dinge gibt, auf die wir glauben, uns immer verlassen zu können, dann gehört dazu eigentlich der feste Boden unter unseren Füßen. Aber die Welt ist – so ähnlich steht es in der Erzählung *Der Mensch erscheint im Holozän* von Max Frisch – keine ein für allemal feststehende Bühne, auf der wir ein Stück aufführen. Die Bühne kann selbst in Bewegung geraten, ohne dass wir das vorgesehen haben. Ich habe bisher selbst nie erlebt, dass die Erde bebt, aber es muss ein Gefühl extremer Verunsicherung sein.

In Bensberg, 60 Kilometer nördlich von Mendig, gibt es eine Erdbebenstation, die von der Universität Köln betrieben wird. Sie arbeitet an »der Erfassung und wissenschaftlichen Auswertung der Erdbeben in den nördlichen Rheinlanden«. Das hört sich nach einem ruhigen Job an – denn wann gibt es hier schon mal ein Erdbeben? Tatsächlich werden dort fast jeden Tag Erschütterungen registriert, nur schwache natürlich, die für die menschlichen Sinne nicht oder kaum spürbar sind. Bei jedem der kleinen Beben wird auch das Epizentrum festgehalten, die Stelle an der Erdoberfläche, unter der die »seismische Quelle« liegt, von der die Erschütterung ausgeht. Mindestens alle paar Wochen tauchen in der Liste, die in Bensberg geführt wird, die Namen Ochtendung und Plaidt auf, zwei Nachbarorte von Mendig. Was das bedeutet, lässt sich nicht genau sagen. Nur dass da keine Ruhe ist in einigen Kilometern Tiefe, das ist nicht wegzudiskutieren.

Der »Vulkan« in dem Namen Vulkaneifel ist kein Zusatz und erst recht kein bloßes Werbeetikett. Ohne den Vulkanismus gäbe es keine Eifel – und ohne ihn ist sie auch in Zukunft nicht zu haben. Um das zu verinnerlichen, muss man sich nicht in wissenschaftliche Berichte vertiefen, in Mendig tritt es an jeder Straßenecke offen zutage: Seine dunklen Häuser erinnern daran.

Vulkan-Brauerei

Kloster Steinfeld

Landesausbau

Himmerod im Tal
und Steinfeld auf der Höhe
stehen niemals still
(Eifel-Haiku Nr. 5)

Oberhalb von Heimbach an der Rur, auf einem letzten Höhenzug der Eifel vor der Ebene der Niederrheinischen Bucht, steht ein ausgedehntes Bauwerk mit langgestrecken Dächern, strahlend weiß verputzten Wandflächen und vielen spitzen Giebeln: die Abtei Mariawald. Klöster gibt es in der ganzen Region, nie sind sie weiter als eine Tagesreise zu Fuß voneinander entfernt. Manche sind etwas unscheinbar, aber viele sind – wie Mariawald – sonderbar starke Orte, die bis heute auf nicht wenige Menschen eine Anziehungskraft haben. Mich selbst eingeschlossen.

Von Heimbach führt ein Pfad in Richtung Mariawald steil bergauf durch den Wald. Bald kommt während des Aufstiegs das erste kleine Häuschen in Sicht: ein Kreuzweg mit den 14 Stationen des Leidenswegs Jesu Christi, wie es ihn an vielen Wallfahrtskirchen gibt. Bei der achten Station – »Jesus begegnet den weinenden Frauen« – steht das Ziel schon vor Augen, man stößt auf die Immunitätsmauer, die Mariawald umgibt. Aber es geht noch ein ganzes Stück weiter an dieser Mauer, rechts eine offene Wiese, links eingefügt in die Klostermauer die kleinen Häuschen mit den schlichten Reliefbildern, jetzt in dichter Folge. Die 1539 geweihte Kirche erscheint eher klein im Vergleich zur Größe der ganzen Anlage, die man erst weiter oben am Hang bei einem Soldatenfriedhof ganz überblickt.

Oder Himmerod. Diese Abtei liegt etwa in der Mitte zwischen Gerolstein, Bitburg und Wittlich. Im Jahr 1138 haben Zisterziensermönche sie begründet. Der Standort im Tal der Salm war abgelegen, der Ordensgründer Bernhard von Clairvaux hatte die Mönche ganz bewusst in diese Einsamkeit geschickt. Noch heute ist Himmerod ein Ort ziemlich weit abseits größerer Siedlungen, wenn auch die Autos auf der Landesstraße 34 direkt am Klosterbezirk vorbeirasen. Der Weg in die Abtei führt durch eine schmale Toreinfahrt. Wer hindurchgeht, vor dem baut sich die Fassade der barocken Abteikirche von 1751 auf. Man blickt nicht auf eine flache Wand, die Fassade schwingt nach vorne halbrund aus, den Ankommenden entgegen. Ein geschweifter Giebel verleiht ihr auch in der Vertikalen eine bewegte Umrisslinie. Im Rheinland gibt es keine andere barocke Kirche dieser Größe. Ein wenig erinnert das an Bayern, an die Wieskirche im Alpenvorland oder Vierzehnheiligen in Oberfranken. Allerdings hat die Abteikirche von Himmerod keinen Turm, nur einen kleinen Dachreiter, um wenigstens noch an das ursprüngliche Ar-

Ausblick auf die Abtei Mariawald

mutsideal der Zisterzienser zu erinnern. Der Klosterhof ist eigentlich ein Garten. Neben der Abteikirche blühen im Frühjahr die Obstbäume, rechts liegen ausgedehnte Fischteiche. Vieles in der Umgebung, Wälder, Weiden und Weinberge, hat früher zu Himmerod gehört.

Und Steinfeld. Im Gegensatz zu Himmerod, aber ähnlich wie Mariawald liegt es auf der Höhe. Vom Bahnhof in Urft kommt man dorthin, wenn man dem Kuttenbach flussaufwärts folgt. Auf halbem Weg findet sich zwischen dem Pfad und dem Bach ein kleines Becken, in das Quellwasser rinnt, kalt und klar, wenig nur, aber beständig. Das ist der Hermann-Josef-Brunnen, benannt nach dem im Rheinland beliebten Heiligen, der um 1160 in das Kloster Steinfeld eingetreten ist. Dem Wasser des Brunnens, den schon Hermann Josef besucht haben soll, werden Heilkräfte nachgesagt, man wusch sich früher damit die Augen aus, wenn man unter Sehschwäche litt oder gar die Erblindung fürchten musste. Denen, die klar sehen dürfen, geben bald darauf die drei Türme des Klosters Steinfeld eine Orientierung, zwei runde an der Westseite, ein achteckiger Vierungsturm im Osten. In der Umgebung habe ich immer wieder neue Stellen entdeckt, von denen aus die Turmspitzen in den Blick kommen, sodass man sich dann auch ohne Karte oder gar GPS gut verorten kann. Die romanische Abteikirche ist nicht so groß wie die Kirche in Himmerod, aber wo die Zisterzienser für Zurückhaltung standen, beeindruckte hier in Steinfeld der Prämons-

Vorhalle der Abteikirche Maria Laach

tratenserorden mit der Vielfalt der Ausstattung. Die Gewölbe sind im ausgehenden Mittelalter mit rankenden Pflanzenmotiven bemalt worden, die gut erhalten sind. Im Barock kamen die Altäre in die Kirche und im Jahr 1727 die Orgel von Balthasar König, einem angesehenen Meister, der später die Orgeln im Kölner Dom betreuen durfte. Schließlich ist da noch – es steht im Mittelgang, man kann es kaum übersehen – das Grabmal des Hermann Josef von Steinfeld.

Das alles sind Eindrücke von heute, stimmungsvoll, aber auch ein wenig oberflächlich. Die Rolle der Klöster reicht jedoch tiefer, sie sind mehr als Sehenswürdigkeiten. Je genauer man sich einlässt auf diese Orte, desto mehr scheinen sie den Vulkanen an die Seite zu treten: Auch ohne die Klöster gäbe es keine Eifel. Gottfried Kinkel, der ja eigentlich Theologe war, hatte sich davon bereits ein Bild gemacht: »Der eiserne Fleiß der Mönche allein hat in der karolingischen Zeit die Eifel bewohnbar gemacht«, schrieb er. Die Geschichtswissenschaft spricht heute vom »Landesausbau«, an dem die Orden in der Eifel entscheidenden Anteil hatten: Wälder roden, Ackerland anlegen, Verbindungen schaffen.

Auch die Stadt Bad Münstereifel gibt es nur deswegen, weil Markward, der Abt der bedeutenden Reichsabtei von Prüm, um das Jahr 830 an der Erft einen Ableger gründete. An diesem neuen Benediktinerkloster entstanden ein Markt und eine Siedlung. Spätestens im 13. Jahrhundert war daraus eine richtige Stadt geworden, mit ei-

Abteikirche in Himmerod

ner stattlichen Befestigungsanlage, die man seit ihrer Restaurierung in den Nachkriegsjahrzehnten begehen kann. Auch die romanische Kirche der Benediktiner, St. Chrysanthus und Daria, gibt es noch, trotz des unsicheren Sandbodens, auf dem sie gebaut worden ist, was man im Inneren gut an den stellenweise abenteuerlich schiefen Wänden erkennen kann. Vom Kloster aber scheint jede Spur zu fehlen – die Gebäude wurden schon vor über 200 Jahren abgebrochen. Heute denkt man beim Namen Bad Münstereifel vielleicht an Shopping, an das »City-Outlet«, das in einigen Häusern der Altstadt entstanden ist, und leider jetzt an das Hochwasser vom Juli 2021, das auch diese Stadt so schwer getroffen hat, dass Angela Merkel den Menschen hier vor Schuttbergen versprechen musste, dass man sie nicht vergessen werde.

Auch Maria Laach, sicher das berühmteste aller Eifelklöster, wurde von Benediktinern aufgebaut. In diesem Fall kamen sie aus Trier und wahrscheinlich haben sie schon zur Bauzeit der Abteikirche die Landschaft so stark umgebaut, wie man es spontan vielleicht nur der Moderne zutraut. Der Wasserspiegel des Laacher Sees, an dem die Abtei heute so malerisch liegt, schwankte stark, er muss teilweise um bis zu 15 Meter höher gewesen sein als heute, weil es aus der vulkanischen Caldera keinen natürlichen Ablauf gab. Für das entstehende Kloster war das ein Problem. Deshalb wurde ein Stollen angelegt, wahrscheinlich um 1170, zur Zeit des Abtes Fulbert, etwa 880 Meter lang und quer durch die Randberge des Laacher Sees führend. So konnte Wasser aus dem See abfließen und im Inneren des Laacher Beckens neues Ackerland erschlossen werden. Der sogenannte Fulbert-Stollen verfiel schon zu Anfang des 19. Jahrhunderts, die beiden Öffnungen sind verschüttet, aber unterirdisch sind noch einige Abschnitte erhalten. Das Wasser fließt heute durch einen parallel verlaufenden Stollen in Richtung Mendig ab, der zwischen 1842 und 1845 angelegt wurde. Gottfried Kinkel hätte bei seinen Eifeltouren die Bauarbeiten besuchen können.

An der Abtei Maria Laach herrscht fast an jedem Tag im Jahr ein Andrang, als wäre sie ebenfalls ein Outlet-Center. Die Klosterbetriebe – Hofladen, Gärtnerei, Hotel und noch mehr – können sich über mangelnde Aufmerksamkeit nicht beklagen und haben einen Parkplatz angelegt, der fast so groß ist wie das Kloster selbst. Aber man sollte sich nicht zu sehr ärgern über den vermeintlichen Kommerz in Maria Laach. Die verschiedenen Betriebe finanzieren das Kloster und erwirtschaften das Geld für den Unterhalt der historischen Anlage. Außerdem waren Klöster schon im Mittelalter Wirtschaftsbetriebe. Manche Züge der Industrialisierung haben sie schon sehr früh vorweggenommen: Sie entwickelten Arbeitsteilung und Spezialisierung, also die Voraussetzungen für alle komplizierteren Produktionsprozesse. Während man heute in Klosterläden vielleicht Kräuter oder Honig kauft, ging es im hohen Mittelalter um ganz andere Wirtschaftszweige: Steinfeld im Norden und Himmerod im Süden waren Ausgangspunkte der Eisengewinnung, sie betrieben Bergbau und Hüttenwerke. Es ist kein Zufall, dass wenige Kilometer von Himmerod ein Ort mit dem Namen Eisenschmitt liegt. Hier gab es eine Eisenhütte, und auch bei Steinfeld ist gemutmaßt worden, der Name des Ortes könnte etwas mit dem Bergbau zu tun haben. Es ist auch nicht so, dass die Klöster als in sich gekehrte Burgen des Betens und Arbeitens isoliert vor sich hin gewirtschaftet hätten. Sie waren vernetzt mit anderen Niederlassungen ihres Ordens, gerade die Zisterzienser teilweise in ganz Europa.

Dass wir das alles wissen können, liegt vor allem an den Klöstern selbst. Sie führten in der Regel sehr genau Buch über alle ihre Angelegenheiten, die Menschen, die im und mit dem Kloster lebten, und ihre Beziehungen zur übrigen Welt. Viele Orte in der Eifel finden sich in solchen Aufzeichnungen zum ersten Mal erwähnt. Nur ein Beispiel: Kreuzweingarten. Das liegt in der Nordeifel, wo das Tal der Erft in die Ebene bei Euskirchen übergeht. Dort konnte 1993 das 1100-jährige Dorfjubiläum gefeiert werden. Warum? Weil im Jahr 893 in der Reichsabtei Prüm ein Verzeichnis mit allen Besitzungen des Klosters angelegt worden ist, der Prümer Urbar. Darin findet sich »wingarden« aufgelistet, eine Siedlung mit zehn Häusern, wo wahrscheinlich Benediktiner aus dem zu Prüm gehörenden Kloster im heutigen Bad Münstereifel mit dem Weinbau begonnen hatten. Auftraggeber des Prümer Urbars war Regino, als Abt von Prüm war er einer der Nachfolger von Markward. Nachdem er Prüm verlassen musste, schrieb Regino in Trier, dem Vorbild der antiken Geschichtsschreiber folgend, eine Weltchronik, versuchte also alle »denkwürdigen Taten« festzuhalten, die ihm bekannt waren – von Christi Geburt bis in das Jahr 907, in dem er die Chronik verfasste.

Gottfried Kinkel, der zwar keine Weltchronik, aber doch ein unglaublich vielseitiges Buch über die Ahr und die Eifel geschrieben hat, nutzte dafür in den vierziger Jahren des 19. Jahrhunderts genau solche Überlieferungen aus den Händen der Mönche. Als eine seiner Hauptquellen nennt er »die handschriftliche Chronik des Franziskanerklosters auf dem Kalvarienberg bei Ahrweiler«. Der Franziskanerorden hatte sich im Jahr 1630 dort niedergelassen, ganz nahe an der Ahr, aber in einer Höhe, zu der kein historisches und auch kein heutiges Hochwasser hinaufreicht. Einige Jahrzehnte nach Kinkels Besuchen ist das Kloster auf dem Kalvarienberg im neugotischen Stil ausgebaut worden. Das Ergebnis sieht schon auf alten Schwarz-Weiß-Postkarten ziemlich geheimnisvoll aus. Heute wirkt es wahrscheinlich sogar noch merkwürdiger als der Bahnhof von Mendig. Also gut, ich gebe es zu: Selbst mich, wo ich doch mit Fantasy gar nichts anfangen kann, erinnert der Kalvarienberg an Hogwarts, die Zauberschule aus den Harry-Potter-Filmen.

Die Realität sieht heute an vielen dieser traditionsreichen, von zahlreichen Geschichten umrankten Orten in der Eifel anders aus, ziemlich ernüchternd sogar. In den letzten Jahren ging es Schlag auf Schlag. 2016 wurde das Kloster Kalvarienberg aufgegeben. Die dort seit Langem angeschlossenen Schulen (so falsch ist die Hogwarts-Assoziation also gar nicht!) mussten an eine kirchliche Stiftung überschrieben werden. Himmerod war schon seit Anfang des neuen Jahrtausends immer wieder wegen finanzieller Probleme in den Schlagzeilen der Lokalpresse. Aus lauter Not sollten sogar wertvolle Bücher aus der Klosterbibliothek versteigert werden, die dann aber an öffentliche Bibliotheken gingen. Im Oktober 2017 gaben die Zisterzienser der Mehrerauer Kongregation dann bekannt, dass sie das Kloster nicht weiterführen können. Mariawald an der Rur war lange Zeit das einzige Kloster in Deutschland, in dem die besonders strengen Regeln folgenden Trappistenmönche lebten. »War« ist die richtige Zeitform, denn dieses Kapitel endete im Herbst 2018. Die Salvatorianer in Steinfeld halten im Moment noch durch. Aber ihr Orden hat schon viele andere Niederlassungen geschlossen. In

Kloster auf dem Kalvarienberg, aus *Die Ahr*

Deutschland hatte er 2018 keine 60 Mitglieder mehr.

Man muss nicht selbst mönchischen Idealen anhängen (wobei mich Franz von Assisi schon fasziniert), nicht katholisch sein (was ich nicht bin), noch nicht einmal regelmäßig im Klosterladen einkaufen (ich tue es, wann immer ich das kann), um das alles irritierend zu finden. Selbst Atheisten (wie ich dann wohl trotz allem einer bin) kann das Tempo dieses Zerfalls nachdenklich machen. Was sagt einem das über die eigene Zeit, wenn etwas, das über Jahrhunderte existierte, teilweise über tausend Jahre lang Bestand hatte, ausgerechnet jetzt endet?

Vielleicht sind aber auch wir Teil einer fortlaufenden Geschichte, die jedoch voller Brüche ist. Es fängt schon damit an, dass es so etwas wie eine tausendjährige Kontinuität der Klöster eigentlich nicht gegeben hat. Ihre Geschichten sind nicht so friedlich-beständig, wie es die stille Würde vermuten lässt, die heute an diesen Orten so sehr geschätzt wird. Schon Regino musste sich als Abt in Prüm vor allem anderen um dem Wiederaufbau seiner Abtei kümmern. Gleich zweimal im Abstand von zehn Jahren, 882 und 892, war sie von den Wikingern auf ihren Raubzügen im Rheinland zerstört worden. Himmerod war im 17. Jahrhundert, während des Dreißigjährigen Krieges, von Plünderungen betroffen und erholte sich danach nur langsam. Besonders schlimm war für die Klöster ausgerechnet das 19. Jahrhundert, das Nostalgiker (wie ich an manchen Tagen einer bin) doch für die gute alte Zeit halten. Um 1802, als das Rheinland von den napoleonischen Armeen besetzt war, wurden auf französischen Befehl alle Klöster aufgelöst. Die Abteikirche von Prüm wurde von der lokalen Pfarrgemeinde übernommen, die sie heute noch nutzt. Das Kloster Himmerod aber wurde versteigert und als Steinbruch genutzt. Für mehr als ein Jahrhundert war es eine Ruine, von der Kirche stand nur noch die Fassade der Eingangsseite wie ein Kulissenbild im einsamen Salmtal. Was heute dort zu sehen ist, das ist das Ergebnis eines Wiederaufbauprojektes der Zeit nach dem Zweiten Weltkrieg.

Als Gottfried Kinkel sich durch die Aufzeichnungen des Klosters Kalvarienberg bei Ahrweiler arbeitete, das muss etwa im Jahr 1844 gewesen sein, waren dort längst keine Franziskaner mehr. Die Gebäude waren aber 1838 von den Schwestern des Ursulinenordens übernommen worden, die dort mit dem Schulbetrieb begannen und auch die Chronik der Franziskaner in ihr Archiv übernahmen. Aber auch die Ursulinen in Ahrweiler kamen wieder in Schwierigkeiten, es begann der sogenannte Kulturkampf, vereinfacht gesagt: Reichskanzler Bismarck, Kinkels früherer Widersacher im preußischen Abgeordnetenhaus, gegen den angeblichen Einfluss des Papstes in Deutschland. Mit dem Klostergesetz von 1875 sollten in Preußen eigentlich erneut alle Konvente aufgelöst werden. Weil die Ursulinen Fürsprecher hatten und ihre Bildungsarbeit in Ahrweiler wohl als unverzichtbar galt, konnten sie diese Zeit durchstehen.

Auch in Zukunft kann in den Klöstern wieder etwas Neues beginnen. Vielleicht kommen die Orden irgendwann als weltliche Gemeinschaften zurück? Vielleicht werden ganz andere Zusammenschlüsse einziehen? Gut, das ist nur eine Spekulation, dachte ich, aber immerhin eine optimistische – nur um dann festzustellen, dass die Realität wieder einmal schon weiter war. In Schlehdorf am Kochelsee südlich von München ist das Kloster zu einem »Cohaus« geworden, einem genossenschaftlichen Wohnprojekt mit Gewerberäumen und Gästehaus. Es soll ein Experiment sein, aber auch ein tragfähiges Modell, »jetzt und in 100 Jahren«.

Könnte das nicht auch in der Eifel geschehen? Es braucht dafür keine Wunder, denn tatsächlich ähneln sich das hergebrachte Ordensleben und heutige alternative Lebensstile in mancher Hinsicht: Die kleinteiligen Klostergebäude bieten gute Voraussetzungen, wenn nun in neuer Weise Leben, Arbeiten und sozialer Austausch unter einem Dach zusammengeführt werden sollen. Wer auch immer kommen wird: Bestimmt werden diese Menschen die sonderbare Anziehungskraft der Klöster spüren. Zu einem Teil ihrer Geschichten zu werden, ist ein Angebot, das man eigentlich nicht ausschlagen kann.

Grab des Hl. Hermann Josef im Kloster Steinfeld

Annäherung

Resonanzachsen

Meine These ist, dass es im Leben auf die Qualität der Weltbeziehung ankommt, das heißt auf die Art und Weise, in der wir [...] Welt erfahren und in der wir zur Welt Stellung nehmen [...].
(Hartmut Rosa)

Bill Bryson hatte schon alle möglichen Gegenden in den USA und Europa bereist und darüber Bücher geschrieben, als er ausgerechnet direkt hinter seinem Haus in New Hampshire eine Entdeckung machte: Er fand dort eine Markierung des Appalachian Trail. Das ist ein Fernwanderweg, der längste der Welt, wie es manchmal heißt, mit einer Länge von 3500 Kilometern, und mehr noch: Der »A.T.« ist in den USA ein nationaler Mythos. Er folgt dem langgestreckten Gebirgssystem der Appalachen, führt durch 14 amerikanische Bundesstaaten, vom südlichen Endpunkt am Springer Mountain in Georgia durch North Carolina, Tennessee, Virginia und immer weiter, etwa parallel zur Ostküste, bis nach Maine, das ganz im Norden wie ein Finger schon nach Kanada hineinragt. Zum Teil wird der A.T. als sportliche Herausforderung gesehen und anscheinend gibt es Verrückte, die den Weg in 45 Tagen bewältigen. Aber geht es darum? Ist dieser Appalachian Trail nicht eher eine Idee? Er scheint eine Stimme zu haben, die etwas in einem auslöst.

Auch Bill Bryson hat diese Stimme gehört. Er hat sich dann vertraut gemacht mit der grandiosen Idee, die dieser Trail ist, und ist schließlich wirklich aufgebrochen, zusammen mit einem Freund aus alten Tagen, der schwer erträglich ist und dem Vorhaben noch weniger gewachsen als Bryson selbst. Aber nach und nach kommt etwas zusammen, die beiden Männer finden ihre gemeinsame Wellenlänge, und der Weg scheint sie zu tragen, gedanklich auch weit über den Tag hinaus, an dem sie das Vorhaben schließlich abbrechen müssen. So jedenfalls hat Bill Bryson es später in seinem Buch *A Walk in the Woods* geschildert, von dem CNN sagt, es sei eines der witzigsten Reisebücher, die jemals geschrieben worden sind. Genauso ist das Buch auch verfilmt worden, mit einem Auge für die haarsträubenden Schwierigkeiten und absurden Begegnungen auf dem Weg, mit Robert Redford und Nick Nolte in den Hauptrollen, aber trotzdem ziemlich flau.

Es stimmt schon, Bryson ist als Satiriker brillant, aber in *A Walk in the Woods* steckt noch viel mehr. Er führt einen nach Centralia in Pennsylvania, wo niemand mehr leben kann, weil dort seit 1962 in alten Kohlenminen ein unterirdisches Feuer brennt, das alles verpestet, aber nicht zu löschen ist. Er denkt nach über das merkwürdige Verhältnis seiner Landsleute zur Natur, die sie entweder als überlebensgroße Wildnis unter strengsten Schutz stellen oder gnadenlos ausbeuten, dazwischen scheint es keinen Mittelweg zu geben. Und vor allem vermittelt er ein Gefühl dafür, was es heißt, eine gelingende Beziehung mit einem Ausschnitt der Welt einzugehen. Ich

Am Beginn des Ville-Eifel-Wegs

glaube, das ist das eigentliche Thema von *A Walk in the Woods*, neben den Anekdoten und Gags und hinter den Eindrücken aus der Natur: Wie aus etwas Beliebigem, dem endlosen *hinterland* der amerikanischen Ostküste, etwas Bedeutungsvolles wird.

Als ich Brysons Buch las, dachte ich gleich: Das kenne ich. Ich meine nicht den A.T., ich bin, ehrlich gesagt, noch nie in den USA gewesen, auch wenn ich mir manchmal Reisen durch Vermont oder Tennessee ausmale. Was ich meine, das ist diese Stimme, die Erfahrung, dass da draußen etwas ist, von dem ich das Gefühl habe, dass es mich etwas angeht. Es ist einige Jahre her, da habe auch ich einen Wegweiser entdeckt. Das war am Bahnhof in Brühl, dem Haupthaltepunkt an der Bahnstrecke zwischen Köln und Bonn. Ich war schon tausendmal da gewesen, aber eines Tages sah ich mir dann auch dieses kleine, ganz einfache Schild an, es hing vor dem Eingang zum Bahnhof an einem schiefen Holzpfahl: Das war der Ville-Eifel-Weg. Er führt von Brühl nach Trier, durchquert also die ganze Eifel. Angelegt worden ist er vom Eifelverein, schon vor gut 100 Jahren. Damit ist er ähnlich alt wie der Appalachian Trail. Weil seine Länge aber nur etwa 200 Kilometer beträgt, ist er eigentlich nicht mit dem Fernwanderweg in den USA vergleichbar. Aber eine Stimme hören, das könnte man vielleicht auch hier. Wenn man am Bahnhof in Brühl vor diesem simplen Schild steht, dann muss man nur den Blick ein wenig in die Ferne richten und sieht den Brühler Wasserturm oben auf dem Ville-Rücken, dem Höhenzug, der die Kölner Bucht von der Voreifel trennt. Er ist die erste Wegmarke des Ville-Eifel-Wegs. So also ginge es los.

Nach dieser Entdeckung habe ich sehr viel Zeit mit Landkarten verbracht. Mit digitalen, bei denen man raus- und reinzoomen kann, Abstände messen und Informationen über die Umgebung abrufen. Aber auch mit Karten aus Papier, die man auf eineinhalb Metern vor sich ausbreiten kann, wo man einer Route mit dem Finger folgen kann und der feste Kartenausschnitt den Augen und den Gedanken einen Halt bietet, wie es die dynamischen digitalen Umgebungen nicht können. Ich lief also in Gedanken den Ville-Eifel-Weg ab und die erste Folge war, dass ich mir die Orte in der Umgebung merkte. Namen wie Adenau und Niederkail wurden mir jetzt vertraut. Meine Freunde und Verwandten wunderten sich, warum ich eigentlich neuerdings zu jeder Ausfahrt der A1 etwas zu sagen hatte.

Was man unterwegs auf dem Ville-Eifel-Weg sehen würde, so stellte ich mir vor, müsste ziemlich unterschiedlich sein. Anscheinend war das damals, als sie angelegt wurde, auch die Idee gewesen hinter dieser Wanderroute: Um das verbreitete Bild von »Preußisch-Sibirien« aufzusprengen, angeblich nur ein kaltes und ödes Land, hatte Hans Hoitz, der zwischen 1904 und 1906 die im Wesentlichen noch heute bestehende Wegeführung festgelegt hat, Vielfalt zeigen wollen und die aus seiner Sicht »interessantesten und schönsten Gebiete der ganzen Eifel« miteinander verbunden. Ich stellte also fest, wie unterschiedlich schon das Ahrtal und die Hohe Eifel waren, die noch relativ am Anfang des Weges lagen und nur wenige Kilometer auseinander: Hier gibt es sonnige Hänge, an denen Weinbau betrieben wird, dort bewaldete Höhen und Wintersportanlagen. Wieder anders dann die zentrale Vulkaneifel, eher ein Land der offenen Weiten, und zwischen Daun und Schalkenmehren drei Maare, die »Augen der Eifel« genannt, etwas kitschig, aber einen Grund musste es ja haben, dass sie so besungen werden. Nicht weit entfernt davon liegen über dem Liesertal die beiden Burgen von Manderscheid. Ich verfolgte auf der Karte, wie man dort vom Belvedere, einem Aussichtspunkt, von dem schon seit Ewigkeiten geschwärmt wird, über einen Serpentinenpfad ins Tal der Lieser absteigt und dann am Waldhang, unterhalb der Ruine der Manderscheider Oberburg, wieder nach oben geht in den Ort. Ich fuhr aber nicht sofort hin, sondern stellte mir einfach erstmal vor, wie es denn da wohl sein würde, wenn man dort zu Fuß ankäme, an einem flirrend-warmen Abend im August, oder auch bei leichtem Regen im März. Das wären sicher ganz unterschiedliche Eindrücke, aber bestimmt wäre beides auf seine eigene Weise gut.

Natürlich ging es irgendwann dann wirklich los. Ich fing an, einzelne Stücke des Ville-Eifel-Weges abzulaufen, Abschnitte der ersten Etappen. Am Bahnhof in Brühl hat wahrscheinlich noch niemand eine konkrete Empfindung davon, sich der Eifel anzunähern, aber wenn man auf den Ville-Rücken gestiegen ist, der auf der Route und im Namen des Weges am Anfang steht, wenn man auch den Brühler Wasserturm ein paar Kilometer hinter sich gelassen hat und sich auf einem breiten, mit Feldern bedeckten Plateau befindet, kommt die Eifel zum ersten Mal in den Blick, sogar als Panorama: Man sieht einen nächsten Höhenzug am Horizont, das ist die Rureifel hinter Zülpich, die übergeht in die Nordeifel hinter Euskirchen. Hier versteht man, warum der Ville-Hang hier in der Gegend »das Vorgebirge« genannt wird: Von Köln herkommend wirkt er wie eine Ankündigung der gebirgigen Eifellandschaft weiter im Süden.

Hinterland

Gottfried Kinkel nimmt in seinem Führer durch das Ahrtal und die Eifel einen etwas anderen Weg, weil er nicht in Brühl beginnt, sondern in seiner Heimatstadt Bonn. Aber die ersten Eindrücke sind ganz ähnlich. Er führt seine Leserinnen und Leser zuerst auf den nahe der Stadt gelegenen Kreuzberg. Dort, sagt er, sähen wir sicher »schon die helle Linie der Ahrberge sich hinziehen, denen wir nun zustreben«. Wer es selbst ausprobiert, vom Bonner Zentrum aus ist das kein weiter Weg, sieht allerdings nichts dergleichen, schaut eigentlich nur in ein Bachtal und hinunter nach Bonn. Irgendetwas hat Kinkel hier durcheinandergebracht. Aber was soll's, man muss nur auf dem Ville-Eifel-Weg etwas weitergehen und kommt dann hinter Rheinbach zur Tomburg. Sie steht auf einem Hügel, der nur leicht über die Umgebung hinausragt. Aber das reicht hier für einen weiten Blick – und tatsächlich zeichnen sich dann am Horizont die Ahrberge ab. Wenn man diesen Weg nimmt, dann ist das nicht einfach nur eine schöne Aussicht. Der Blick erscheint wie eine Einladung, sich gedanklich auf die Eifel einzulassen, eine Beziehung zu ihr aufzubauen.

Und dann? Bei mir ging es in kleinen Schritten weiter, sodass es noch ein wenig dauerte, bis ich irgendwann wirklich bei den Dauner Maaren war und auch vom Belvedere bei Manderscheid ab-

Vorgebirge

stieg in das Tal der Lieser – das war an einem Sommerabend, wie ich ihn mir nicht schöner hätte vorstellen können. Die Vorstellungsbilder lösten sich auf in viele reale Eindrücke, das Gesehene ergänzte das, was ich schon im Kopf hatte, rieb sich manchmal auch daran, aber ob es nun übereinstimmend war oder doch ganz anders, es entstand eine Beziehung, die ich kaum anders nennen kann als: lebendig. Den ganzen Ville-Eifel-Weg kenne ich immer noch nicht, ich habe die Eifel noch nie im Ganzen von Nord nach Süd durchquert und bin noch nie zu Fuß in Trier angekommen. Aber zum Glück habe ich inzwischen Bill Bryson gelesen, der den Appalachian Trail auch nicht ganz gegangen ist und dennoch so klar und anziehend über ihn geschrieben hat – weil er ihn nicht bezwungen, aber ihn sich anverwandelt hat.

Hier wäre diese Geschichte jetzt zu Ende, wenn da nicht noch etwas wäre, das anscheinend alles in einem Bild zusammenbringen kann – die Eifel und die Appalachen, Bill Brysons Touren und meine Eindrücke, Gottfried Kinkels Schilderungen und die Tradition des Eifelvereins. Ich meine den Begriff der Resonanz, so wie er von Hartmut Rosa verwendet wird. Rosa ist Soziologe, forscht und unterrichtet an der Universität in Jena und findet trotz der Beschleunigung aller Lebensbereiche, mit der er sich kritisch auseinandersetzt, noch die Zeit, Bücher zu schreiben, die unsere Gegenwart auf eine verblüffend neue, sehr einleuchtende Weise zeigen. »Resonanz« heißt eines davon, und darin geht es um die eigentlich philosophische und anscheinend doch unbeantwortbare Frage, was eigentlich ein gutes Leben ist. Rosas Antwort ist: Wir fühlen uns getragen und aufgehoben in dieser Welt, wenn wir zu ihr, zu den Mitmenschen und den Dingen, Beziehungen eingehen können, Beziehungen, die sind wie ein vibrierender Draht, in denen beide Seiten füreinander erreichbar sind. Die Welt muss sich öffnen für uns, zu uns sprechen können, und wir müssen die Chance haben, diese Stimme zu hören und einen Ausschnitt der Welt zu berühren.

In dieser Sprache, die poetisch klingt, fast esoterisch, und die sich nicht zufällig auch hier bei mir schon durch dieses ganze Kapitel zieht, beschreibt Hartmut Rosa ganz reale Erfahrungen: Wir wissen ja, dass es das gibt, wissen von anderen und hoffentlich auch von uns selbst, wie das ist, wenn wir von etwas begeistert sind, wenn wir Zuneigung empfinden und dann auch etwas zurückkommt. Resonanz, sagt Hartmut Rosa, lässt sich aber nicht erzwingen. Was wir vollständig kontrollieren, spricht nicht mehr mit einer eigenen Stimme zu uns. Wenn der Fußballverein, dessen Anhänger ich bin, immer gewinnt (was ich mir ja eigentlich wünsche), dann begegnet mir in dieser Beziehung kein dynamischer Ausschnitt der Welt mehr, sondern nur noch kalte Routine. Hier liegt dann auch der Kern von Rosas Theorie: Wir wünschen uns ein resonantes Verhältnis zur Welt, aber die modernen Gesellschaften trainieren uns darauf, etwas erreichen, aneignen, bewältigen zu wollen. Oft ist Geld dafür das Mittel der Wahl. Wenn jemand gestresst ist und sich überlegt, ein paar Tage Auszeit zu nehmen, sagen wir in einem tollen Wellness-Hotel in der Eifel, mit allem Komfort, mit geführten Touren zu den schönsten Spots, dann bedeutet das – und auch dieses Wort hat Hartmut Rosa erfunden – die Eifel zu einer »Resonanzoase« machen zu wollen, wo dann plötzlich das stimmige Gefühl da sein soll, das man im Alltag vermisst. Gut möglich aber, dass das alles dann doch nur ganz nett erscheint oder sogar gleichgültig, weil es nicht gelingt, ein Verhältnis aufzubauen zu diesem Ausschnitt der Welt.

Da aber, wo wir leuchtende Augen bekommen, weil wir spüren, dass wir in einer lebendigen und langanhaltenden Beziehung zu etwas stehen, spricht Rosa von einer »Resonanzachse«. Mir scheint das mit Blick auf die Eifel irgendwie gelungen zu sein. Wenn ich in Brühl am Bahnhof bin und das Schild des Ville-Eifel-Weges sehe, dann bleibe ich daran hängen, fühle ich mich angesprochen. Es ist fast schon verrückt, aber ich muss mich zu Hause nur bewusst in einem ruhigen Moment der Himmelsrichtung zuwenden, in der von mir aus gesehen die Eifel liegt, so wie Gläubige in verschiedenen Religionen sich zum Gebet nach der zentralen Stätte ihrer Glaubensgemeinschaft ausrichten – oft macht sich schon dadurch ein warmes Gefühl breit. Als ich einmal nach einer Tour abends am Schwanenweiher in Blankenheim stand, wo die Ahr nahe bei ihrer Quelle ein wenig aufgestaut wird, da dachte ich, dass ich jetzt noch weitergehen könnte, in die Sommernacht hinein dem schmalen Fluss folgen könnte bis zu seiner Mündung in den Rhein bei Sinzig. Oder zumindest – da ich dann doch den nächsten Zug nehmen musste – könnte ich wiederkommen und dann hier weitergehen. Und selbst wenn ich nicht so bald wiederkäme, dann wüsste ich, dass sie da sind, die Ahr, das Ahrtal, die ganze Umgebung, auch jetzt noch, nach der Flutkatastrophe, auch wenn sich manches verändert hat.

Wunderbar, wie ich das geschafft habe, oder nicht? Hartmut Rosa würde hier wahrscheinlich einschreiten und sagen, dass das alles nur zu einem kleinen Teil meine eigene Leistung ist, denn unser Weltverhältnis sei maßgeblich bestimmt durch äußere Bedingungen, von der Art wie wir »in die Welt gestellt sind« – wir machen es nicht einfach selbst. Dieses Buchkapitel hier ist auch

Belvedere bei Manderscheid

kein Ratgeber, kein »Resonant werden in der Eifel«-Leitfaden. Hartmut Rosa hat immer wieder gesagt, dass das so nicht gehe und dass er von solchen Ratgebern gar nichts halte.

Manchmal hat er aber Journalisten in den Schwarzwald eingeladen, wenn er erklären will, was Resonanzbeziehungen ausmacht. Dort kommt er her, aus dem Ort Grafenhausen, die Gegend sagt ihm etwas. Er besitzt im Schwarzwald sogar ein kleines astronomisches Observatorium, wo er in klaren Nächten in die Sterne schaut. Es sieht so aus, als sei für Rosa, der seinen turbulenten Alltag an der Universität in Jena verbringt, der Schwarzwald jene Art eines Gegenübers, das für andere vielleicht der Appalachian Trail ist – oder die Eifel. Dass für uns alle viele verschiedene Chancen da sind für solche Begegnungen mit der Welt und eine unaufdringliche Annäherung an sie möglich wird, darum geht es. Und deshalb gibt es noch viel zu tun.

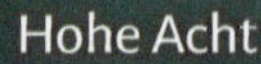

Hohe Acht

Die feinen Unterschiede

Glück oder Drohung
die Wärme in Nettersheim
am Neujahrstage
(Eifel-Haiku Nr. 4)

Ein Mittelgebirge – das ist wahrscheinlich die trockenste Bezeichnung, die man einer Region wie der Eifel geben kann. Ich habe das Auftauchen dieses eigentlich unvermeidlichen geographischen Begriffes, der einfachsten Antwort auf die Frage, was die Eifel sei, bis hierhin verzögert, um ihn jetzt heraus- und auch infrage zu stellen. Mittelgebirge ist zunächst nur ein Wort. Die Geowissenschaften brauchen es, um verschiedene Landformen voneinander zu unterscheiden, weil die Eifel ja zweifellos etwas anderes ist als die Alpen. Aber dieses Wort ist auch ein Problem. Für die meisten Menschen klingt es einfach ungeheuer langweilig: Nicht flach, aber auch nicht wirklich hoch, Mittelmaß eben. Familienfreizeit im Mittelgebirge, das könnte der Alptraum aller ungeduldigen Teenager sein, die irgendwohin wollen in ihrem Leben, aber noch nicht wissen, wohin genau. Nur hoch hinaus muss es auf jeden Fall sein.

Die Höhe eines Gebirges kann man in harten Zahlen messen, einerseits. Aber andererseits ist Höhe auch etwas Relatives. Relativ in Bezug auf unsere Vergleichsmöglichkeiten und unseren eigenen Standort. Das klingt vielleicht etwas rätselhaft, aber wieder hilft Gottfried Kinkel, wenn wir uns für einen Augenblick einlassen auf seine Sicht der Dinge. Als er um 1840 in der Eifel unterwegs war, war das Gebirge für ihn nichts Mittelmäßiges: Es war vielmehr unvergleichlich, weil er nichts Vergleichbares kannte. Das war aber nicht sein Fehler. Die Alpen hatte er wahrscheinlich nur einmal aus der Ferne sehen können, als er mit Anfang Zwanzig über Südfrankreich nach Italien gereist war. Überhaupt wurden die meisten hohen Alpengipfel erst kurz darauf zum ersten Mal bestiegen. Erst 1857 gründete sich in London der erste Bergsteigerclub – zufällig gerade in der Stadt, in der Kinkel und seine Familie sich nach seiner Flucht aus preußischer Haft niedergelassen hatten. Es war das Jahr, in dem ein sagenhafter Berg, der auf Nepali Sagarmatha genannt wird und auf Tibetisch Qomolangma heißt, einen kolonial-britischen Namen erhielt: Mount Everest.

Daran sollte man denken, wenn man Kinkels Beschreibung der Hohen Acht aus der Mitte des 19. Jahrhunderts liest – das ist der höchste Berg in der Eifel, in der Nähe der Stadt Adenau. Heute führt der gut markierte Ville-Eifel-Weg über den Gipfel der Hohen Acht, in der Nähe gibt es Parkplätze, aber in Kinkels Buch hört man noch heraus, dass die Besteigung damals mindestens ein kleines Abenteuer gewesen sein muss: »Hier stehen wir auf dem Matador der Eifel, mehr als 2400 Fuß über dem Meere« – und das klingt schon erhabener als die 747 oder auch nur 746,9 Meter, die der Hohen Acht heute zugestanden werden. Tatsächlich gibt es, so wurde mir erzählt, auf den britischen Inseln, wo Höhen heute noch in Fuß angegeben werden, überhaupt kein Wort für Mittelgebirge, man kennt nur Berge, wie hoch sie auch sein mögen.

Seinen Besuch auf der Hohen Acht empfand Kinkel als einen Aufenthalt »in erschreckender Einsamkeit«, obwohl seine Heimatstadt Bonn hier kaum 50 Kilometer entfernt ist. Vielleicht schwingt dabei auch mit, dass in der Gegend damals noch häufig Raubüberfälle vorgekommen sein sollen, wie andere Quellen aus der Zeit berichten. Auf dem höchsten Gipfel der Eifel sah Kinkel sich umgeben von »übermächtigen zornigen Naturbildungen«. Man könnte glauben, hier sei es einfach durchgegangen mit diesem Wanderer, der auch Dichter war und mit ein wenig Pathos umzugehen wusste. Aber er war einfach nur ein Kind seiner Zeit und zeigt die Eifel hier so, wie sie damals nicht nur ihm erschienen ist. Selbst in Meyers nüchternem Konversationslexikon, in der Auflage, die man 1846 zusammen mit Kinkels Buch hätte kaufen können, ist die Eifel noch das »rauhe und wilde Gebirge« im Rheinland.

Kommt man da heute noch mit? Ich meine: Können wir einen so feinen Unterschied in der Höhenlage, eine so geringe Entfernung von den vertrauten Gegenden überhaupt noch ernst nehmen, wo wir alle doch schon so viel mehr gesehen haben, als Gottfried Kinkel in seinem ganzen Leben hat sehen können? Einmal hat er es sogar in die USA geschafft, aber das war erst 1851, einige Jahre nach seinem Buch über Ahr und Eifel, und es war eine politische »Agitationsreise« mit der Hoffnung auf Unterstützung für eine neue Revolution in den deutschen Ländern, keine Erkundungstour. Nicht wenige von uns dagegen haben den Grand Canyon oder die Rocky Mountains mit eigenen Augen gesehen, vielleicht sogar den Mount Everest. Müssen uns die Eifelhöhen nicht zwangsläufig mittelmäßig und wenig aufregend erscheinen? Ich würde sagen: Es kommt auf den Standort an.

Fangen wir einfach in Bonn an, wo Gottfried Kinkel lebte und wo auch alle meine Touren ihren Ausgangspunkt haben. Das Rheintal gehört dort zu den wärmsten Regionen Deutschlands. Sein feuchtwarmes Klima quält diejenigen, die dafür anfällig sind, im Sommerhalbjahr oft mit Kopfschmerzen. »Entwedder et räjent oder isch bin mööd«, sagten die alten Bonner in ihrem Dialekt: Entweder es regnet oder man ist müde, meistens aber beides zusammen. Schnee gibt es in Bonn fast niemals. Wegen der hohen Luftfeuchtigkeit hängt aber im Winter morgens häufig zäher Hochnebel über der Stadt. Man kann den schweren grauen Schleier allerdings ziemlich schnell hinter sich lassen, wenn man, sagen wir an einem Januarmorgen, in Bonn in den Zug steigt und sich auf den Weg macht in die Eifel.

Zuerst geht es dann durch das Waldgebiet des Kottenforstes, wo die Strecke gleich deutlich ansteigt. Das muss sie auch, um hinauszukommen aus dem nebelverhangenen Rheintal. »In der Eifel setzt sich bereits am Vormittag die Sonne durch«, hieß es am Morgen im Radio. Und wirklich, schon an dem langgestreckten Hang südlich von Meckenheim, dem sogenannten Eifelfuß, herrscht freie Sicht. Im Hintergrund der Szenerie kann man noch dichte Wolken sehen. Sie zeigen an, wo der Rhein und auch Bonn sich befinden. Manchmal erkennt man beim Blick Richtung Os-

Mikroklima am Eifelfuß bei Meckenheim

ten aber noch die höchsten Gipfel des Siebengebirges, den Großen Ölberg und die Löwenburg, die als kleine Spitzen aus dem grauen Band am Horizont herausragen.

Auch wenn es hier am Anstieg zur Eifel schon ein, zwei Grad kälter ist als in der Stadt, fühlt es sich angenehmer an. Die Luft ist trockener, damit geht die gefühlte Temperatur nach oben. Auf dem Acker kann man noch den in der Nacht entstandenen Reif sehen, der in der Sonne aber nach und nach zurückgeht, immer mit einiger Verzögerung dem Schattenwurf der Bäume folgend. Hat es am Tag davor Niederschläge gegeben, dann finden sich dort, wo es lange schattig bleibt, noch vereinzelte Schneefelder. Man kann es spüren und sehen: Wir befinden uns hier in einer Zone des Übergangs.

Fährt man von Meckenheim mit dem Zug weiter in die Nordeifel hinein, dann sieht man aus dem Fenster, dass sich etwa auf der Höhe von Mechernich die Schneeflecken zu einer Schneedecke zusammengeschlossen haben. Wahrscheinlich ist sie hier noch sehr dünn und irgendwie war das auch zu erwarten, wo doch die Route immer noch kontinuierlich ansteigt. Dennoch kommt es immer wieder überraschend: Da ist

Hütte Kücheler Heck

er plötzlich, der Winter, genau so wie man ihn sich vorstellt, ganz in Weiß und merklich ruhiger, weil die Schneedecke auch Geräusche dämpft. Ein Stück noch auf dieser Strecke und alles geht ganz schnell. Am Bahnhof von Kall sind die Bahnsteige und die Dächer der Gebäude völlig vom Schnee bedeckt, der hier nichts mehr von Puderzucker hat. Beim Gehen knirscht es unter den Füßen und das Vorwärtskommen ist bereits spürbar erschwert.

Zwei Stationen weiter dann, in Nettersheim, tragen die Äste der Nadelbäume schon schwer unter der Schneelast. Oben im Wald, zwischen Marmagen und dem Tal der Urft, hat der Eifelverein auf der Anhöhe Kücheler Heck eine Blockhütte errichtet. Hier ist es still und die Schneedecke vielleicht noch unberührt. Wenn jetzt die Sonne scheint und ihr Licht sich glitzernd in den Eiskristallen bricht, dann kann jemand, der aus dem Rheintal hierhergekommen ist, womöglich nicht anders, als an diesen Song zu denken, der während der Vorweihnachtszeit ständig in den Coffee-To-Go-Shops der Städte zu hören war: *Walking in a Winterwonderland*.

Nüchtern betrachtet ist die Landschaft hier gar nicht so beeindruckend, es ist ein ganz normaler Wirtschaftswald, durch den breite Forstwege führen. Aber der Schnee scheint ihn zu verzaubern, so empfinden das viele Menschen. Hartmut Rosa, der Theoretiker der Resonanzbeziehungen, sagt, Schnee erscheine uns oft wie ein Geschenk, weil wir den Schneefall nicht kontrollieren können, weil er wirkt wie eine freundliche Antwort der Welt, wenn wir uns etwas von ihr erhofft haben, das unseren Alltag einmal für einen Moment durchbricht. Noch einmal zum Vergleich: Bonn liegt im Rheintal auf etwa 70 Metern über NN. Schnee gehört dort nicht zum Alltag. Kein Wunder, dass er vor diesem Hintergrund als etwas Kostbares erscheint. Auf Kücheler Heck ist man auf einer Höhe von 570 Metern angekommen und glaubt sich in einer anderen Welt, zumindest im Winter. Geht das wirklich so einfach? Ein Höhenunterschied von 500 Metern, das scheint nicht viel zu sein. Doch er macht sich stark bemerkbar.

Und dann bemerken wir heute noch einen Unterschied, von dem Gottfried Kinkel noch nichts ahnen konnte. Noch zu Anfang des 20. Jahrhunderts war auf den Eifelhöhen oberhalb von etwa 500 Metern »der Schnee ein ausdauernder und regelmäßiger Wintergast«. Das behauptet zumindest ein Heftchen des Wintersport-Verbands Eifel aus dem Jahr 1911, das mir in die Hände gefallen war, als ich im Frühjahr 2020 mit der Arbeit an diesem Buch begonnen hatte. Wirklich, die Welt, die dort beschrieben wird, erscheint so gar nicht gemäßigt, sondern scheint die Wunder des Winters mit vollen Händen zu verteilen – oder genauer gesagt: verteilt zu haben. Doch nun, im Winter 2019/20, war in den Monaten zuvor die kalte Jahreszeit praktisch ausgefallen. Es war, so hörte man oft, ein »Winter ohne Winter«. In Bonn sowieso, sechs Monate Herbst, könnte man meinen, wenn nicht die wechselnden Uhrzeiten von Sonnenauf- und -untergang noch den Jahreslauf angezeigt hätten. Zum ersten Mal, seit man davon Kenntnis hat, ist in Deutschland kein Eiswein produziert worden, für den die noch gefrorenen Trauben gekeltert werden müssen. Selbst in den Mittelgebirgen blieben die Temperaturen nur sehr selten unter dem Gefrierpunkt.

Wie auch ein Jahr später bei der Flutkatastrophe in der Eifel konnte man nicht ohne weiteres mit dem Finger auf diese Wetterphänomene zeigen und sagen: »*Das* war jetzt der Klimawandel«

(obwohl selbst das, die konkrete Bestimmung des Anteils der globalen Erwärmung an einzelnen Wetterereignissen, inzwischen in Reichweite der Klimaforschung kommt). Die Tendenz aber ist klar. Wenn in der Eifel zukünftig deshalb immer weniger Schnee liegt, wovon man ausgehen kann, dann ist das schon irgendwie schade – nichts mehr mit Winterwunderland. Ob man sich das vor 100 Jahren in der Eifel hätte vorstellen können, dass der Schnee, dieser Wintergast, über den man sich dort sicher nicht nur freuen konnte, irgendwann kaum noch auftauchen würde? Dass es möglich werden würde, ihn regelrecht zu vertreiben?

Vor allem aber ist diese kleine Veränderung auch ein Zeichen für etwas Größeres. Hier im Mittelgebirge zeichnet es sich besonders deutlich ab, wenn die Schneefallgrenze nun immer öfter knapp oberhalb seiner höchsten Stellen liegt. Weil unser Lebensstil den CO_2-Gehalt der Erdatmosphäre von 0,028 auf 0,042 Prozent hat ansteigen lassen – anscheinend nur um eine Winzigkeit – kommt etwas in Bewegung, schon jetzt, und zwar im ganz großen Stil. Der schwedische Ökologe Johan Rockström, der in Potsdam eines der angesehensten Institute für Klimaforschung leitet, hat 2019 bei sich zu Hause etwas Ähnliches beobachtet:

In meiner Heimat Schweden müssen die Schulbücher umgeschrieben werden, weil der bislang höchste und eisbedeckte Gipfel durch die sommerliche Rekordhitze, wie es sie auch in Deutschland gab, etwas abgeschmolzen ist und an Höhe verloren hat. Er ist nur noch der zweithöchste Gipfel. Das ist kein Drama. Aber es zeigt: Unser Handeln bestimmt, was in den Schulbüchern, ja in den Geschichtsbüchern von morgen steht.

Schon jetzt ist klar, dass das Erdzeitalter, in dem Gottfried Kinkel gelebt hat und in dem Schnee im deutschen Mittelgebirge – wie so vieles andere – als eine Selbstverständlichkeit erschienen war, zu Ende gegangen ist. Man kann es mit Händen greifen, ob in Schweden oder in der Eifel: Inzwischen sind wir es, die den Unterschied machen.

Winterwunderland

Lochmühle zwischen Mayschoß und Laach, aus *Die Ahr*

Was die Menschheit bewegt

Ich habe mein ganzes intellektuelles Leben darum gekämpft,
daß wir den Blick nach außen wenden
und uns bei aller Liebe zu unserer jeweiligen Heimat
gleichzeitig als Weltbürger verstehen.
(Navid Kermani)

Im Jahr 2015 ist viel passiert. Im Dezember wurde in Paris ein kaum für möglich gehaltenes globales Klimaabkommen geschlossen. Drei Monate vorher war der sogenannte Abgasskandal ans Licht gekommen. Die Rückblicke auf dieses Jahr dominiert in Deutschland bis heute aber ein Satz, der am 31. August geäußert worden war: Angela Merkel sagte »Wir schaffen das« und meinte damit das Sich-Kümmern um die über eine Million Menschen, die als Geflüchtete nach Deutschland schon gekommen waren und in den folgenden Monaten noch kommen würden. Dieser Satz brachte ihr viel Anerkennung, zu Hause wie auch international, wurde aber für manche zum Symbol für alles, was schieflaufe in Deutschland.

Ob man aber für eine Willkommenskultur war oder für harte Grenzen, eines verwundert schon: Wie unvorbereitet wir anscheinend gewesen sind, wie wenig wir uns in der Komfortzone Bundesrepublik verbunden gesehen haben mit dem, was »draußen« passiert, und offenbar geglaubt hatten, das betreffe uns alles nicht. Man hätte doch sehen können, dass die Zahl der Menschen, die weltweit aus ihren Heimatregionen flüchteten, seit Jahren anstieg, man hätte die Krisenherde, wie insbesondere den Krieg in Syrien, ernster nehmen können. Aber es war wohl trotzdem eine Überraschung, dass die globalen Fluchtbewegungen jetzt an Deutschland nicht mehr vorbeigingen.

Allerdings sind Migration und Flucht nicht nur Kennzeichen einer unübersichtlichen Gegenwart, während früher – wann auch immer das gewesen sein soll – alle Menschen doch im Prinzip da waren, wo sie vermeintlich hingehörten. Migration, ob freiwillig oder aus purer Not, ist eine historische Realität, ja sie kann gar nicht vergessen werden, wenn man das Wort »Geschichte« bemüht. Während also in den vergangenen Jahren darüber gestritten wurde, ob die Bundesrepublik Deutschland heute ein Einwanderungsland ist, kann man eines als gesichert ansehen: Zur Zeit von Gottfried Kinkel, in den vierziger Jahren des 19. Jahrhunderts, war das als Staat noch gar nicht existierende Deutschland, war Preußen, dessen Bürger Kinkel war, war gerade auch die Eifel ein Auswanderungsland.

Wer heute das Museum Auswandererhaus in Bremerhaven besucht, erfährt dort, dass allein von diesem Hafen aus seit 1830 mehr als sieben Millionen Menschen aufgebrochen sind, um ein neues Leben auf einem anderen Kontinent zu be-

Ein Auswandererschiff, 1854

ginnen. Der Regisseur Edgar Reitz hat im Jahr 2013 auf die Filme seiner *Heimat*-Trilogie über das Leben im Hunsrück noch eine vierstündige filmische Erzählung unter dem Titel *Die andere Heimat* folgen lassen. Sie zeigt den Hunsrück in den vierziger Jahren des 19. Jahrhunderts, der »Zeit des großen Exodus«, wie Reitz sie nennt, in denen Hunderttausende Menschen ländliche Regionen in Mitteleuropa verlassen haben. Ein Anstoß für *Die andere Heimat* war ein Brief aus Brasilien, durch den Edgar Reitz klar wurde, dass Angehörige seiner Familie aus dem Hunsrück sich ebenfalls in die »neue Welt« aufgemacht haben mussten. Wie, fragte Reitz sich, mag »die Gemütsverfassung dieser Menschen« ausgesehen haben, »die ohne jegliche Reiseerfahrung und ohne konkrete Bilder von ihren fernen Zielen vor Augen zu haben, fähig gewesen sind, alles hinter sich zu lassen, was ihr Leben ausmachte: ihre Heimat, ihre Familien, ihre Freunde, ihre Zugehörigkeiten«.

Irgendwie war auch mir das alles bewusst und irgendwann hatte ich bei der Suche im Netz irritiert festgestellt, dass es in den USA mehr Leute mit meinem etwas merkwürdigen Nachnamen zu geben scheint als hier bei uns. Sie müssen die Nachfahren von Menschen aus dem ländlichen Franken sein, die im 19. Jahrhundert nach Amerika aufgebrochen waren – so wie übrigens auch der Großvater eines gewissen ehemaligen US-Präsidenten, der sich nicht zuletzt mit dem Verhindern-Wollen von Migration einen Namen gemacht hat, damals den Ort Kallstadt verlassen hatte, der in der Pfalz liegt.

Von der Eifel ist Kallstadt gar nicht so weit entfernt. Wie es sich dort um das Jahr 1840 verhielt, erfährt man sehr anschaulich in einem Artikel von Gottfried Kinkel. Die Lage der Landbevölkerung war nicht gut, und das scheint den Mann, der wenige Jahre später als demokratischer Publizist berühmt wurde, so beschäftigt zu haben, dass er zu diesem Thema seinen allerersten Beitrag für eine Zeitung geschrieben hat: Sein Bericht über »Die Auswanderungen aus dem Ahrthal und der Eifel« ist im Mai 1842 erschienen.

Das Klima, das die Eifel in späterer Zeit für die bürgerlichen Besucher zu einem Winterparadies gemacht hat, machte damals für die Landbevölkerung das Durchkommen schwierig. Der Ackerbau war mühsam und brachte wenig ein: »Rauh, oft steinig, im Winter durch Schneefall oft viele Wochen von dem Flachlande abgeschnitten«, so beschreibt Kinkel die Voraussetzungen und man versteht, warum die Eifel damals auch »Preußisch Sibirien« genannt wurde. Aber selbst im Ahrtal, wo das Klima milder ist, war die Lage zum Teil kaum besser, »die Bewohner des Thals werden arm und ärmer, die einst blühenden Dörfer brechen zusammen«. Was sollte die Menschen also hier halten, wenn sich am Horizont die Aussicht auf ein besseres Leben abzeichnete? Viele aus der Region sind dieser Hoffnung gefolgt, glaubt man Kinkel, dann war die Gegend sogar ein Vorreiter in dieser zwiespältigen Hinsicht, denn »zuerst von allen Preußen hat der Ahrländer die Auswanderung nach Amerika begonnen«.

Wie sah das aus, wenn sich jemand auf den Weg in die »neue Welt« machte, in welcher Stimmung geschah das? Kinkel, der ja nahe der Universitätsstadt Bonn aufgewachsen war, standen solche Ereignisse wahrscheinlich selbst nicht vor Augen. Sein Freund Carl Schurz aber, der aus dem Dorf Liblar am Rand der Voreifel stammte und dann den größten Teil seines Lebens in den USA verbracht hat, lässt in seinen Memoiren den Blick zurückschweifen nach Europa, in seine Jugendzeit in Preußen, und beschreibt den Aufbruch einer Familie Trimborn in Richtung Amerika, wie er ihn damals miterlebt hat:

> *Noch steht mir das Bild lebhaft vor Augen, wie eines Nachmittags ein mit Kisten und Hausgerät beladener Lastwagen sich von Trimborns Hause in Bewegung setzte, wie die Familie von den Dorfleuten Abschied nahm, wie eine große Schar den Auswanderern bis vor das Dorf das Geleit gab, und wie der Wagen auf dem Wege nach Köln im Walde verschwand.*

Szenen wie diese müssen in dieser Zeit zum Alltag in der Eifel gehört haben. Kinkel sagt, dass »Greise und Kinder« zu den Auswanderern gehörten und dass alle gehen würden, »wenn nicht in Folge der vielen Verkäufe die Güter zu tief im Preise gesunken wären«, man also durch den Verkauf von Ackerland und Höfen kaum noch die Reisekasse aufbessern konnte: »Das Wollen ist bei allen Ahrbewohnern da: glaubt ihr's nicht, so fragt sie.«

Trotz all der Schwierigkeiten, die einer Emigration entgegenstanden, sollen allein aus der dünn besiedelten Gegend um Adenau in dieser Zeit rund 600 Menschen aufgebrochen sein. »Keine Ortschaft ist ohne Auswanderer«, stellt Kinkel fest und hebt dann noch eine als besonders stark von der Auswanderung betroffen hervor. Merkwürdigerweise ist es ausgerechnet ein kleiner Ort, der heute über die Region hinaus bekannt ge-

Hümmel

worden ist: »Das Dorf Hümmel will seine ganze Dorfgerechtigkeit auflösen, seine Gemeindewälder dem Herzog von Ahremberg verkaufen und ausziehen, der Priester vorauf mit Kreuz und Fahne.« So weit scheint es aber nicht gekommen zu sein. Hümmel existiert noch heute und immer noch besitzt die Gemeinde ausgedehnte Waldflächen. Für sie zuständig war lange Zeit Peter Wohlleben, zuerst als Forstbeamter, dann als Angestellter mit mehr Freiheiten – zur Umsetzung einer naturnahen Waldwirtschaft und zum Schreiben von *Das geheime Leben der Bäume*. Das Buch war in Deutschland mehrere Jahre lang eines der meistverkauften. Kaum etwas anderes aus der Eifel dürfte in den letzten Jahren so weite Kreise gezogen haben. Als *The Hidden Life of Trees* war Wohllebens Buch auch in den USA ein großer Erfolg. Ob es dort auch Menschen gelesen haben, deren Vorfahren vor fast zwei Jahrhunderten aus der Gegend von Adenau ausgewandert sind?

Die Eifel der Gegenwart gilt immer noch als »strukturschwaches Gebiet«. Aber was heißt das in einem Land, das zu den großen Gewinnern einer deregulierten globalen Wirtschaft gehört und in der es immer noch eine gewisse soziale Absicherung gibt? Deswegen sind viele Menschen aus Deutschland auch so erschrocken, wenn sie Fernreisen machen und in den Zielländern – in Brasilien, Südafrika oder Indien – mit unübersehbarer, krasser Armut konfrontiert werden. Zu Kinkels Zeit passierte den mehr oder weniger wohlhabenden Stadtbürgern genau das aber auch in der Ahreifel. Für sie war es nicht so leicht, die Gegend zu einer heilen Welt zu verklären angesichts der »vielen bettelnden Kinder«, von denen

Aus der Voreifel in die USA: Carl Schurz

Kinkel berichtet. Man merkt es der Schilderung an, dass der protestantisch erzogene Kinkel das Betteln eigentlich als unsittlich ablehnt. Aber da er die Hintergründe gut kennt und sich dem Eindruck nicht entziehen kann, wenn die Kinder »ohne ein Wort zu sagen ihre Hand küssen und dem Wanderer darbieten, und wenn man ihre armseligen Kleidchen ansieht«, meint er, dass man »gleichwohl gern gibt«.

In solchen Verhältnissen muss vielen Menschen diese Heimat als etwas Abweisendes, wenn nicht Feindliches erschienen sein, das sie zum Aufbruch gedrängt, das sie mit einem »Trachten ins Weite« erfüllt hat, wie Kinkel es ausgedrückt hat, ein wenig zu poetisch. Heute würde man sagen: Diese Menschen waren Wirtschaftsflüchtlinge. Wie bei heutigen Flucht- und Migrationsbewegungen machten sich nicht nur die auf, die gar nichts mehr hatten, sondern gerade auch die Tatkräftigen, die noch etwas erreichen wollten, auch »bemittelte Ackerleute«, die in der Gegend aber offenbar keine Zukunft mehr sahen für sich und ihre Familien. Gegen den Verdacht, sie hofften in Amerika auf anstrengungslosen Wohlstand, wollte Kinkel die Leute aus der Ahreifel in Schutz nehmen. Sie seien keineswegs faul, sondern »arbeitsam und unermüdlich«. Und da Kinkel sich in dieser Zeit gerade zu einem Sozialdemokraten entwickelte, war für ihn auch ganz klar, wo die Probleme der Eifel ihren Ursprung haben: »Die Umstände, nicht die Menschen, sind an dem Unglück schuld.«

In Amsterdam aufs Schiff nach New York und weiter nach Michigan, in »die neuerbaute Stadt Detroit« – das sei der Reiseweg vieler Auswanderer gewesen, dort scheinen sich zahlreiche Familien aus der Eifel niedergelassen zu haben. Offenbar mit gutem Erfolg, denn nach Kinkels Eindruck kamen bei den Angehörigen zu Hause beinahe täglich Briefe an, »welche sämtlich zur Nachfolge auffordern«, also den Wunsch zur Auswanderung noch verstärkt hätten. Da sich in den amerikanischen Staaten wachsende deutsche Gemeinschaften gebildet hatten, sei das Ankommen dort zusätzlich vereinfacht worden.

Die Wucht dieser Bewegung sah Kinkel als ziemlich bedenklich an und fragte sich, welche Folgen sie haben werde. Andererseits war er froh, dass die preußische Regierung den Menschen keine Steine in den Weg legte und ihnen nicht durch die Verweigerung eines Reisepasses einen neuen Anfang in einem anderen Land unmöglich machte. Sein Wunsch war, wie man vielleicht heute sagen würde, dass die Fluchtursachen bekämpft werden, zum Beispiel durch Steuererleichterungen, man aber die Freizügigkeit der Menschen nicht einschränkt: »Den Strom nicht zu stauen, aber seine Quelle zu verstopfen«, das war es, was er sich vorstellte.

Carl Schurz, den es nach Amerika verschlug, weil er als »Radikaldemokrat« auch in England und Frankreich keinen Fuß auf den Boden bekam, schreibt in seinen Memoiren, dass auch bei seiner Familie in Liblar nahe der Eifel damals Briefe von Ausgewanderten angekommen seien, die »mit Sehnsucht erwartet und mit Eifer gelesen wurden«. Und dann »schwärmten die Männer unseres Familienkreises nach Herzenslust in jener Blockhausromantik, die für die Phantasie des mit dem amerikanischen Leben unbekannten Europäers, besonders des Deutschen, so großen Zauber gehabt hat, und es hätte nicht viel gefehlt, so wäre auch von ihnen der Beschluß der Auswanderung schon damals gefaßt worden«. Obwohl es dazu nicht kam, war Amerika »in der Familie ein beliebter Gesprächsgegenstand«.

War es also doch nicht nur die blanke Not, die Menschen aus der Eifel und den umliegenden Regionen zur Auswanderung trieb? Hat Gottfried Kinkel etwa doch die richtigen Worte gefunden, als er diesen Männern und Frauen ein »Trachten ins Weite« zuschrieb? Edgar Reitz hat in einem Kommentar zu *Die andere Heimat* daran erinnert, dass durch die Bildungsreformen in Preußen während der ersten Hälfte des 19. Jahrhunderts viel mehr Menschen als zuvor Lesen und Schreiben gelernt hatten. Durch die Alphabetisierung sei eine neue Generation herangewachsen, »die mehr von der Welt wusste als Tradition, Religionsunterricht und Bauernschläue ihnen vermitteln konnten«.

So war es auch bei der Familie Schurz. Carls Vater, ein Onkel und noch einige andere lasen Zeitung und tauschten sich darüber aus, so wie man es auch in den »Lesegesellschaften« der gehobenen bürgerlichen Kreise damals machte. Sie »interessierten sich für das, was in der Welt vorging, und besprachen unter sich, wenn auch nicht mit besonderer Sachkenntnis, aber doch mit eifriger Teilnahme, die Ereignisse, die nah und fern die Menschheit bewegten«. Als Kind diesen Diskussionen zuhören zu können, das beschreibt Schurz in seinen Memoiren als ein Schlüsselerlebnis. Er habe nicht viel verstanden, aber es sei in ihm ein Gefühl aufgekommen, das nie wieder verschwunden sei: »daß wir in unserm kleinen Dorfe ein Teil einer großen Welt seien, deren Kämpfe uns angingen und unsere Aufmerksamkeit und Teilnahme verlangten«.

Bei Ahrweiler

Blanc de Noir, Flut-Jahrgang 2021

SolidAHRität

Was einer allein nicht schafft, das schaffen viele.
(Friedrich Wilhelm Raiffeisen)

Die Eifel macht es einem nicht leicht, wenn man sie kennen will. Sie lässt sich nicht festlegen auf ein charakteristisches Aussehen, das gleich wiedererkennbar ist, so wie es vielleicht mit dem Allgäu und der Toskana noch ganz gut funktioniert: hier blaue Seen und im Hintergrund schneebedecktes Hochgebirge, dort Pinien und Olivenhaine im sanften Hügelland. Aber was wäre *das* typische Eifelbild? Klar, die spektakulären Trichter der Dauner Maare oder die Burg Eltz in ihrem tiefen Tal müssen häufig als Stellvertreter für die Eifellandschaft herhalten. Repräsentativ aber sind sie überhaupt nicht. Wenn man ganz im Norden ist, im Monschauer Heckenland, wo auf dem Hochplateau zurechtgestutzte Buchenreihen die alten Hofanlagen vor dem Wind schützen, oder im Maifeld, im äußersten Osten der Eifel, mit seinen weiten Getreidefeldern, dann passen diese Vereinfachungen nicht mehr.

Noch dazu erscheinen die Merkmale der Landschaft an manchen Orten fast widersprüchlich: Gerade dort, wo es die alpinsten Felsen gibt, wo die Landschaft in ihrem Relief sogar heute noch, für unsere Augen, wirklich ein wenig rau und wild erscheint, im mittleren Abschnitt des Ahrtals, da ist das lokale Klima mild und gibt es noch ein paar weitere Vorzüge, wie die besonderen Böden unter anderem aus Schiefer und Lößlehm. In ihrem Zusammenspiel, das nicht leicht zu durchschauen ist, machen diese Faktoren es möglich, dass hier, am Rand der Eifel, Wein angebaut wird. Oder genauer gesagt: Dieses *terroir* sorgt dafür, dass er hier auch wirklich gut werden kann, dass die Ahr-Weine eine eigene Note bekommen können.

Seinen guten Ruf musste sich das Weinbaugebiet Ahr gegen viele Widerstände immer wieder neu erarbeiten. Anscheinend wollte Gottfried Kinkel dazu Mitte des 19. Jahrhunderts etwas beitragen. Von der Ahr komme »ein ausgezeichneter Rotwein«, lässt er seine Leserinnen und Leser wissen, der am Rhein – also in der damals noch viel berühmteren Weingegend – »nur vom Assmannshäuser übertroffen« werde. Daran hat sich bis heute nichts geändert: Wie die Ahr, so ist auch Assmannshausen bei Bingen für gediegene Spätburgunderweine bekannt. Die Weine, die Kinkel an der Ahr kennengelernt hat, waren »von dunkler Farbe und herbem, höchst angenehmem Feuer«. Angeboten wurden sie häufig unter der Bezeichnung »Bleichart«. Ein merkwürdiger Name für einen dunklen, herben Wein. Aber Kinkel wusste Bescheid und kann uns aufklären: Während die Ahrwinzer ihre Produktion inzwischen an französischen Vorbildern orientiert hätten, stamme die Benennung noch aus einer Zeit, als man »den Wein vor der Gährung kelterte, also bevor der Farbstoff der Hülsen sich mit dem Safte verbunden hatte«. So behielt dieser Wein »eine hellröthlich-bleiche Farbe«. Der Bleichart, den es zu Kinkels Zeit nur noch dem Namen nach gab, war also nichts anderes gewesen als ein Rosé oder auch ein Blanc de Noir – heller Wein aus dunklen Trauben, wie er jetzt seit einiger Zeit nicht nur an der Ahr wieder mit großem Erfolg verkauft wird.

Von den Vorzügen des Terroirs ist der Weinbau total abhängig, von Voraussetzungen also, die Menschen nicht selbst schaffen können. Aber auch günstige Umstände schenken den Winzern nichts. Die Arbeit bleibt kompliziert und hart, bis heute. Kinkel blickte mit Respekt hinauf zu den steilen »Zackenklippen« des Ahrtals, »deren Ersteigung fast unmöglich erscheint« und die dennoch zu den Arbeitsplätzen der Ahrwinzer geworden sind. Er beschreibt, wie dazu »der jäh abfallende Schieferfels durch künstliche Mauerterrassen eingefasst werden« musste. Oberhalb von Walporzheim kann man heute noch diese kleinteiligen Terrassen sehen, wie sie damals im mittleren Ahrtal verbreitet waren. Fast noch genauso sehen sie hier aus wie auf einer der Abbildungen in Kinkels Buch, wie zur Mitte des vorletzten Jahrhunderts. Anderswo im Tal sind die Terrassen entweder zu größeren Flächen zusammengefasst, wie zum Beispiel bei Dernau, oder sie sind aufgegeben worden, wie im Langfigtal, wo die Ahr eine besonders enge Schleife durchläuft und man im Gestrüpp am Hang noch gut die alten Mauern erkennen kann.

Wenn wir heute ins Ahrtal kommen, dann finden wir die Landschaft schon als »Weingegend« vor, wo im Gelände bestimmte Aussichtspunkte als besonders schöne und typische »Weinsichten« markiert sind, als wolle man mit den Postkartenfotos aus dem Allgäu und der Toskana konkurrieren. Zur Weingegend musste das Ahrtal aber erst gemacht werden. Nichts anderes ist gemeint, wenn das Tal als eine Kulturlandschaft bezeichnet wird. Niemand konnte das allein. Das ging nur als Teamarbeit und im Zusammenspiel mehrerer Generationen.

Trotz der vielen Vorzüge des Tals, obwohl die Winzer ihr Handwerk verstanden und Kinkel den Fleiß hervorhebt, mit dem sie auf schmalen Pfaden Dünger und Holzpflöcke durch die steilen Hänge trugen: Den Menschen im Ahrtal ging es Mitte des 19. Jahrhunderts nicht gut. Kinkel hatte sich ja genau befasst mit den Beweggründen der vielen Auswanderer aus der Gegend und dabei die Risiken kennengelernt, denen der Weinbau ausgesetzt war. Das erste Problem war die Biologie: »Der Weinstock ist eine so zarte Pflanze, dass er ganz und gar von der Witterung beherrscht wird. Mehr als bei irgend einem anderen Gewächs können hier ein paar nasse oder kalte Tage alles verderben.« Nur »ein einziger Maifrost« genüge, um »die Hoffnung eines Jahres« zu zerstören. Aus diesem erbarmungslosen Glücksspiel sind die Ahrwinzer wiederholt als Verlierer hervorgegangen. In seinem 1845 verfassten Buch dokumentiert Kinkel, dass es »seit 1834 kein bedeutendes Weinjahr« mehr gegeben habe »und wie schmerzlich haben namentlich die Jahre 1843 und 1844 wieder alle Erwartungen enttäuscht!« Nicht nur um die Menge der Erträge ging es dabei. Auch die Qualität des Weins scheint sehr schwankend gewesen zu sein: »Es wird kaum ein Produkt geben«, fasst Kinkel seine Erfahrungen zusammen, »das in verschiedenen Jahren so ganz verschiedene Güte hätte als der Wein«.

Um mit diesen Schwankungen umzugehen, musste man rechnen können. Heute haben viele

Weinberge bei Walporzheim, aus *Die Ahr*

erfolgreiche Winzer auch Betriebswirtschaft studiert. Damals war ein Winzer aber vor allem ein Handwerker, der durch ein gutes Jahr »momentan reich und dann oft verschwenderisch« geworden sei, wie Kinkel festhält, »sei es in lustigem Leben, sei es im Ankauf neuer Weinberge«. Doch dann kamen fast unweigerlich »viele schlechte Jahre und die Not wird unendlich«. So entstehe jene »Abhängigkeit von den großen Spekulanten«, die Kinkel als das größte Problem der Winzer beschrieben hat: »Die kleinen Weinbauern kommen also auch in guten Jahren auf keinen grünen Zweig, arbeiten sich höchstens aus den drückendsten Schulden heraus.«

Was konnte man für die Ahrwinzer tun? Natürlich hatte Kinkel sich auch dazu Gedanken gemacht. Was er vom Staat verlangte, waren bessere Exportmöglichkeiten und eine gerechtere Besteuerung. Diese einfachen Erleichterungen waren für ihn bereits »sozialistisch«. Auch als Redakteur der *Bonner Zeitung* warb Kinkel wenig später für solche schrittweisen Reformen, während zur gleichen Zeit in Köln ein Autor der *Rheinischen Zeitung* für den radikalen Weg einer proletarischen Revolution eintrat: Karl Marx. Die beiden wurden in der politischen Öffentlichkeit des Rheinlands eine Zeit lang als Gegenspieler betrachtet, aber es gab etwas, das sie verband: Die Zustände im

Winzergewerbe, sagte Marx später, »gaben die ersten Anlässe zu meiner Beschäftigung mit ökonomischen Fragen«. Marx war jedoch nicht an der Ahr unterwegs gewesen, sondern hatte seine Beobachtungen am anderen Ende der Eifel gemacht, in der Nähe seiner Heimatstadt Trier. Glaubt man dieser Erzählung, dann begann der Marxismus, der im 20. Jahrhundert ein weltumspannendes Projekt wurde, in den Weinbergen an der Mosel.

Neben der Revolution und der Reform kristallisierte sich in dieser Zeit aber noch ein anderer Ansatz für den Fortschritt heraus, man könnte ihn nennen: die Resilienz. Das ist ein Modewort aus der Gegenwart, aber im Prinzip steht nichts anderes dahinter als die Steigerung der Widerstandskraft und die Fähigkeit zur Selbsthilfe. Kinkel und auch Marx waren um 1850 beide in London gestrandet. Was sich im rheinischen Winzergewerbe tat, konnten sie nicht mehr mitverfolgen. Im Jahr 1868 – Kinkel war inzwischen nach Zürich übergesiedelt, Marx hatte gerade den ersten Band von *Das Kapital* herausgebracht – wurde an der Ahr ein wichtiger Schritt unternommen: Es war der 20. Dezember, als in Mayschoss »nach einstimmiger Verabschiedung der Statuten« ein Winzerverein gegründet wurde. Dabei ging es nicht nur um ein geselliges Beisammensein nach Feierabend, das vielleicht auch, aber vor allem ging es um Solidarität.

In den sechziger Jahren des 19. Jahrhunderts hatte es an der Ahr mehrere gute Weinernten gegeben. Doch das allein half nicht weiter: Die Marktlage war schlecht, die Produktion aufwändig und der Verkauf kaum kostendeckend. Um sich mit eigenen Kräften aus einer Notlage zu befreien, die sie selbst nicht verursacht hatten, und aus der sie sich als Einzelne kaum je hätten herausarbeiten können, gründeten 22 Männer mit dem Winzerverein ein genossenschaftliches Unternehmen. In alten Heimatjahrbüchern aus dem Kreis Ahrweiler kann man detailliert nachlesen, wie es dann weiterging: Die Winzer fingen an, gemeinsam Anzeigen in Zeitungen zu platzieren. Damit die Fassweine nicht mehr im Lager liegen blieben, musste investiert werden, in Flaschen, Kisten und Geräte. Keiner der Winzer hätte dazu alleine die Mittel gehabt. Da sie aber gegenseitig füreinander bürgten, erhielten sie Zugang zu den nötigen Krediten. Ein Vorstandsmitglied übernahm den Vertrieb und reiste, schwer bepackt mit Weinproben, zu den potentiellen Kunden. Schließlich – und das war wahrscheinlich der größte Schritt – gingen die Winzer in Mayschoss dazu über, auch gemeinsam zu produzieren. Das hatte gleich zwei Vorteile: Die Qualität stieg, während die Kosten fielen. Das alles scheint auch Skeptiker sehr schnell überzeugt zu haben: Im Jahr 1881 hatte der Winzerverein bereits 141 Mitglieder.

Wenn die Steigerung der Widerstandskraft und die Hilfe zur Selbsthilfe das Ziel des Winzervereins waren, dann muss er auch weiterhin sehr erfolgreich gewesen sein – denn es gibt ihn heute immer noch. Der Betrieb heißt jetzt Winzergenossenschaft Mayschoss-Altenahr, aber immer noch steht der Spätburgunder im Mittelpunkt des Angebots. Dazu gibt es Weißweine, Rosé und Blanc de Noir natürlich, und fürs Brot ein rotes Weingelee, das nicht nur süß, sondern überraschend intensiv schmeckt. Den 2019er Spätburgunder Walporzheimer Kräuterberg (Listenpreis 38 Euro) konnte ich noch nicht probieren, aber ich glaube nicht, dass er die Erwartungen enttäuschen wird. Der Kräuterberg, das ist genau die Steillage bei Walporzheim, wo heute noch

Mitglieder des Winzervereins Mayschoss, 19. Jahrhundert

in Handarbeit die alten, kleinen Weinbergterrassen bewirtschaftet werden.

Ich will hier gar keine Werbung machen, es gibt an der Ahr viele gute Winzer, Kriechel, Kreuzberg, Meyer-Näkel und wie sie alle heißen. Aber die Geschichte der »WG«, wie das Unternehmen im Ahrtal nur genannt wird, ist doch besonders faszinierend. Andere Vereinigungen, die ein solches Alter erreicht haben, zum Beispiel die von singenden Männern, Schützen und so weiter, werden oft wie Dinosaurier betrachtet. Sie gelten als Relikte aus einer anderen Zeit, die Gruppierungen selbst werden immer kleiner und können oft nur noch ihre Vergangenheit verwalten. Aber die WG ist auch nach über 150 Jahren sehr aktiv. Überhaupt scheint die Genossenschaftsidee aktueller denn je. Die UNESCO hat diese Wirtschaftsweise 2016 sogar in die Repräsentative Liste des immateriellen Kulturerbes der Menschheit aufgenommen und das heißt gerade nicht, dass hier etwas Vergangenes in einer Vitrine konserviert wird. Im Gegenteil, so wird die Kulturorganisation der Vereinten Nationen zu betonen nicht müde, hier handele es sich um wertvolle lebendige Traditionen, in denen Impulse steckten für nachhaltige Entwicklung und ein gutes Leben. Deutschland hat die Genossenschaftsidee bei der UNESCO vorgeschlagen, weil Vordenker wie Hermann Schulze-Delitzsch und Friedrich Wilhelm Raiffeisen hier gelebt haben, sie gehörten derselben Generation an wie Kinkel und Marx. Aber eigentlich kann niemand Eigentumsrecht anmelden auf das Prinzip der Genossenschaft. Es gehört allen Menschen und gerade im globalen Süden sind Kooperativen von großer Bedeutung.

Nicht zum ersten und auch nicht zum letzten Mal in diesem Buch folgt nun noch ein tiefer Einschnitt: Mit dem Jahrhunderthochwasser der Ahr im Juli 2021 wurde die Widerstandskraft der Winzergenossenschaft Mayschoss-Altenahr auf eine harte Probe gestellt. Am 18. Juli, drei Tage nach dem Höchststand des Ahrpegels, setzte sie eine Nachricht ins Netz: Es seien alle wohlauf, aber »die Situation in Mayschoss und an der ganzen Ahr ist schrecklich und wir haben keinen Strom, kein Wasser und keinen Empfang«. Dazu zwei Bilder, die auch mich verstörten: Der einladende Verkaufsraum voller Schlamm und Schutt, während rundherum um das noch halbwegs stehende Gebäude alles vom Wasser mitgerissen worden zu sein schien. So, könnte man meinen, kommen lange Geschichten an ihr Ende.

Aber schon in der nächsten Mitteilung änderte sich der Ton: »Wir alle sind uns einig, dass es weitergehen wird, es braucht nur viel Zeit & Unterstützung.« Wiederum nur zwei Tage später war Folgendes aus der WG zu hören: »Es ist einfach unbeschreiblich, was hier in unserem kleinen Weinort Mayschoss in den letzten Tagen alles möglich gemacht wurde. Dank unzähliger Hilfe von nah und fern und einem unfassbar starken Zusammenhalt innerhalb der Dorfgemeinschaft hat sich unser nach wie vor von der Außenwelt abgeschottetes, geliebtes Mayschoss selber organisiert.« Die Menschen im Ort hatten inzwischen in der Kirche einen Basar eingerichtet, wo sie sich gegenseitig mit dem Notwendigsten versorgten. Von Ortsansässigen wurde zusammen mit einem lokalen Bauunternehmer in wenigen Tagen eine neue Straße angelegt, die durch die Weinberge wieder einen Zugang zur Welt herstellte. Der Mayschosser Ortsbürgermeister Hubertus Kunz, der eigentlich zwei Monate später sein Amt hatte niederlegen wollen, war plötzlich in einer ähnlichen Situation wie Helmut Schmidt bei der Hamburger Sturmflut von 1962 und musste andauernd seine Kompetenzen überschreiten, um der Not etwas entgegenhalten zu können. Der Unterschied zwischen Schmidt und Kunz ist: Der Bürgermeister aus dem Ahrtal war zugleich Betroffener, sein Haus wurde schwer beschädigt, er selbst musste sich mit seiner Familie auf das Dach retten. Zum Gesicht dieser Krise im Jahr 2021 wurde auch nicht ein Einzelner, wenn schon, dann der ganze Ort Mayschoss, »das Winzerdorf, das sich selbst hilft«, so lautete eine Überschrift in der *Süddeutschen Zeitung*.

Wenige Wochen nach der Flut musste auch die Weinlese beginnen. Die Arbeiten im Weinberg liefen inzwischen so, als ob das Prinzip der Genossenschaft noch ausgeweitet worden wäre: Wer im Weinbau arbeitete, packte jetzt dort an, wo es am dringendsten war, unabhängig davon, wem welcher Weinberg gehörte, und konnte auch auf die Unterstützung anderer zählen. Auch ungewöhnliche, aber kompetente Hilfe von außen gab es nun. Aus Frankenthal in der Pfalz rückte die Feuerwehr an, um für die Traubenlese in den Steillagen die Technik bereitzustellen. Weil auch die Monorack-Bahn zerstört war, mit der bisher der Höhenunterschied zwischen der Weinlage Mayschosser Burgberg und der Ahr überbrückt worden war, kam das Lesegut nun an einer Seilverbindung ins Tal, die ansonsten in der Bergrettung

Hochwasser bei Altenburg/Ahr, 15. Juli 2021

eingesetzt wird. Nur auf solchen Wegen konnte es dazu kommen, dass es an der Ahr überhaupt einen Weinjahrgang 2021 gab. Zur gleichen Zeit wurden Flaschen der älteren Jahrgänge, die aus vollgelaufenen Kellern gerettet worden waren, gesäubert und mit halb zerfetzten Etiketten in den Handel gebracht. Normalerweise würde solche Ware wohl im Regal stehen bleiben, aber die »Edition Flutwein« wurde zu einer neuen Marke mit einer aus der Not geborenen Unverwechselbarkeit.

Als Ende 2021 ein »Wort des Jahres« gekürt wurde, schaffte es der ganz genauso aus der Not geborene Ausdruck *SolidAHRität* auf den zweiten Platz. Das Wort, schrieb die Jury, sei kennzeichnend »für die große Hilfsbereitschaft, die sich in Form von Spenden und tätiger Unterstützung weit über die betroffene Region hinaus zeigte«. Auf das Hochwasser, so könnte man das verstehen, folgte sozusagen die sprichwörtliche Welle der Hilfsbereitschaft. Im Ahrtal und ganz besonders im Weinbau war dieses Zusammenwirken vieler aber eigentlich nichts Neues. Es hat sich einfach nur ein weiteres Mal bewährt.

Fachwerkidylle am Abend

Vergangenheit mit Zukunft

Man muss als Denkmalpflegerin nur alt genug werden,
um unter Schutz zu stellen, was man früher bekämpft hat.
(Hiltrud Kier)

Wenn man an der irischen Atlantikküste steht und hinausschaut aufs Meer, dann wird oft gesagt, dass dort hinter dem Horizont Amerika liege. Und das stimmt, wenn man hier in See sticht, kommt kein Land in Sicht, ehe man den Hafen von St. John's erreicht in Neufundland, Kanada. Gerade an der Stelle aber, wo die Küste sich am weitesten nach Westen vorschiebt, nördlich der Bucht von Dingle, rücken noch einige Inseln ins Blickfeld, die scheinbar zum Greifen nah vor Augen liegen. Das sind die Blasket Islands, mit Great Blasket, auf Gälisch *An Blascaod Mór*, der größten unter ihnen.

Great Blasket, dieser fünf mal einen Kilometer große Fels in der Brandung, war lange bewohnt und in der ersten Hälfte des vergangenen Jahrhunderts geradezu berühmt geworden, denn dort lebte – weitgehend isoliert – eine Dorfgemeinschaft, in der anscheinend das Irland einer »guten alten Zeit« überdauert hatte. Der Journalist Cole Moreton konnte um die Jahrtausendwende noch mit einigen ehemaligen *islanders* sprechen und kam zu dem Eindruck, ihre damalige Lebensweise könne »als mittelalterlich bezeichnet werden«: »Ihre einzige Heizquelle war das Verbrennen von Torf, den sie auf dem Berg stachen. Ihre Nahrung stammte aus dem Meer und von den Tieren, die sie hielten, sowie dem wenigen Getreide, das auf dem kargen Boden angebaut werden konnte.« Geld brauchte man nur für gelegentliche Einkäufe auf dem Festland, im Alltag hatte es keine Funktion. Kurz nach 1900 gab es hier noch rund 200 Menschen. In den Augen vieler glichen sie ihrer Heimatinsel: So wie Great Blasket der rauen See trotzt, hatten sie in ihrer Welt allen Veränderungen widerstanden, die sich anderswo schon vollzogen hatten. Im Jahr 1953 ging jedoch auch diese kleine, alte Welt unter: Die Inselbewohner konnten oder wollten nicht mehr. Sie setzen einen Hilferuf ab und wurden daraufhin von der Regierung in Dublin evakuiert.

Warum ich das erzähle? Ein Jahr später, 1954, veröffentlichte die bekannte deutsche Reisezeitschrift *Merian* eine Ausgabe über die Eifel. Dort heißt es, die Eifel sei ein »Asyl vor der Moderne« – also anscheinend genau das, wofür auch Great Blasket Island bekannt gewesen war. »Abgelegen, unverbraucht, archaisch und wunderbar rückständig« sei sie, schrieb voller Begeisterung der *Merian*-Autor. War hier in der Eifel die »gute alte Zeit« immer noch nicht zu Ende?

Von heute her ist klar zu sehen, dass das nicht stimmen konnte. Auch der Geograf Werner Bätzing, bekannt geworden als Erforscher des Landlebens und speziell des Alpenraums, hat festgestellt, dass die ländliche Existenzweise – trotz aller technischen Fortschritte und politischen Veränderungen – auch in der beginnenden Moderne dem Mittelalter lange noch viel näher gewesen ist als unserer heutigen Existenzform und dem, was wir in Deutschland nun für selbstverständlich halten. So betrachtet war Great Blasket vielleicht gar nicht so außergewöhnlich. Dann aber, so Bätzing, habe ziemlich ruckartig ein Wandel eingesetzt, eine Umwälzung, die die Organisation der Landwirtschaft erfasste, und damit auch die Gewohnheiten der Landbevölkerung und das Bild der Kulturlandschaften. Bätzing datiert diesen Wendepunkt auf das Jahr 1955.

Sicher wollten die Eifler nach dem Zweiten Weltkrieg, ebenso wie die Menschen von Great Blasket, nicht mehr rückständig sein, auch wenn Auswärtige das für wunderbar hielten. Ab jetzt wurde alles daran gesetzt, die bis dahin verpasste Entwicklung nachzuholen. Die alte Welt, von denen verklärt, die es sich leisten konnten, wurde von ihren Bewohnerinnen und Bewohnern gründlich entrümpelt. Wie das ablief, das ist nicht mehr direkt zu erkennen, wenn man sich heute durch die Eifel bewegt, die Landschaft vielleicht als romantisch empfindet und immer noch glauben mag, man sei dem Ursprünglichen auf der Spur. Man müsste noch einmal das Gegenbild sehen, um den Wandel ermessen zu können.

Möglich ist das auf dem Kahlenbusch, einem Höhenrücken hart am Rand der Nordeifel. Von seiner Hangkante aus kann man die Braunkohlekraftwerke des Rheinischen Reviers sehen, dessen Großtagebau wie nichts sonst für die moderne technische Umformung einer bäuerlichen Landschaft steht. Aber nichts davon auf der Anhöhe. Dort ist seit 1958 – noch einmal also geht es zurück in diese Umbruchzeit – wirklich eine Art Asyl für die Vergangenheit entstanden: das Freilichtmuseum Kommern. Es sollte der Schutzraum sein für die alte Lebenswelt der Eifel und ihrer Nachbarregionen, für ihre Häuser und ihre Werkzeuge, für das Alte, das zu dieser Zeit wirklich absolut niemand mehr brauchen konnte. Dem ersten Museumsdirektor, einem Volkskundler mit dem schönen Namen Adelhardt Zippelius, erschien das alles schon Anfang der sechziger Jahre als »Gegenstände aus einer versunkenen Welt«. Er und seine Leute konnten Mengen davon entgegennehmen und aufkaufen, »alles original, keine Nachbildungen«, wie Zippelius damals in einem Fernsehgespräch betonte.

Es war eine erfolgreiche Arbeit, und das auch in Bezug auf die Öffentlichkeit: Wenig später besuchten pro Jahr mehrere Hunderttausend Menschen das Freilichtmuseum, das heute in Deutschland das größte seiner Art ist. Von Anfang an wurde dort mit wissenschaftlicher Akribie gesammelt, dokumentiert und wiederaufgebaut. Für das Publikum war Kommern aber wohl nicht zuletzt ein Fachwerkparadies, eine anscheinend für alle Ewigkeit heile und ungestörte Welt aus der Vergangenheit.

Einmal war ich im Sommerhalbjahr noch bis kurz vor der Schließung um 19 Uhr auf dem Museumsgelände unterwegs. Es war unter der Woche, wenn nicht so viele Gäste kommen, die Abendsonne schien durch die Bäume und es war sehr still geworden auf dem Kahlenbusch. Für kurze Momente überfiel mich eine Illusion: Alles schien so stimmig von gestern zu sein, dass es mir wie eine Zeitreise vorkam. Ich meine das nicht metaphorisch, es fühlte sich in diesen Augenblicken sonderbar real an. Mir kam der Gedanke, gleich könne mit festem Schritt Gottfried Kinkel um die Ecke des kleinen Hofgebäudes bie-

Der »Watteler«

gen, das ursprünglich in Binzenbach gestanden hat, in einem Seitental der Ahr.

Falls bis hierhin der Eindruck entstanden sein sollte, diese Geschichte handele von Nostalgie: Ja, wahrscheinlich lässt sich das hier kaum vermeiden. Aber eigentlich geht es um das Gegenteil, um das Sich-Neu-Erfinden – denn das hat das Freilichtmuseum Kommern in den letzten Jahren getan. 2013 erschien auf dem Kahlenbusch eine erste Störung des gewohnten Bildes: die Gaststätte Watteler. Das Haus mit der Backsteinfassade und den Leuchtreklamen der in der Region verbreiteten Biermarken wirkt wie das Idealbild einer Dorfkneipe. Aber es hat sich inzwischen herumgesprochen, dass es diese Dorfkneipen außerhalb des Museums kaum noch gibt. Diese hier stand einmal in Eschweiler über Feld. Das hört sich nicht nach Eifel an und liegt tatsächlich auch im Zülpicher Eifelvorland. Läge es zehn Kilometer weiter nördlich, dann wäre Eschweiler über Feld zusammen mit der Gaststätte wahrscheinlich im Braunkohletagebau Ham-

Quelle-Fertighaus

bach verschwunden. So aber war einfach nur der Ruhestand der letzten Wirtin Gerti Watteler der Grund dafür, dass die Kneipe ins Museum kam.

Jetzt steht man dort vor diesem Gasthaus und wundert sich vielleicht, weil es so stinknormal aussieht. Aber genau darum geht es: Die frühere Normalität ist das, was uns im Lauf der Zeit als erstes aus den Händen gleitet. Von ihr im Abstand einiger Jahrzehnte noch etwas zu wissen, das ist in mancher Hinsicht schwieriger, als sich über die Kriege Friedrichs des Großen zu informieren. Man sieht alte Fotos und kann nicht verstehen, warum Menschen 1974 so aussahen, wie man eben damals aussah, und ahnt vielleicht, dass die Welt zum Beispiel der Großtante, die auf diesen Bildern noch zu sehen ist, grundlegend anders war als die eigene, die heutige.

An der Welt des Jahres 1974 ist in der Gaststätte Watteler alles orientiert. In diesem Jahr ist das Haus das letzte Mal renoviert worden und in diesem Zustand ist es schließlich in das Kommerner Museum eingegangen. Anstelle der Klos »über'm Hof« gab es seit dieser Renovierung eine moderne Toilettenanlage: braune Ornamentfliesen, Toilettenschüsseln und Waschbecken in lindgrün, was Gerti Watteler damals ziemlich gewagt erschien. Heute gilt dieser Stil überwiegend als unerträglich, bei Sanierungen wird die Keramik als erstes herausgeschlagen und ist deshalb nicht zu Unrecht ins Museum gelangt. In der Gaststätte war auch ansonsten vieles aus diesen Tagen bis zur Schließung noch in Gebrauch. Was fehlte, hat das Museumsteam mit scheinbar grenzenloser Sorgfalt beschafft. Josef Mangold, Museumsdirektor von 2007 bis 2022, legte Wert darauf, dass von den 50-Pfennig-Stücken, die Gäste bekommen können, um die Musiktruhe vom Typ »Consul Hit 130« in Gang zu setzen, keines nach 1974 geprägt wurde.

Auf dem Kahlenbusch steht »der Watteler« jetzt neben einem Bungalow samt VW-Käfer und – was noch außergewöhnlicher ist – einem Fertighaus von 1965, das damals im Katalog des Versandhauses Quelle erhältlich war. Es hatte sein erstes Leben in Stommelerbusch, einem nördlich von Köln gelegenen Straßendorf, wurde dort in einer spektakulären Aktion am Stück auf einen Tieflader gesetzt und in Kommern mit dem Kran an seinen neuen Platz gehievt. Viele werden dieses von außen sehr schlichte, eingeschossige Haus mit Flachdach heute belächeln, ich habe das schon genau im Ohr: Haha, so dünne Wände, alles aus Pappe, Spießigkeit im Schuhkarton. Aber man muss sich eben auch vorstellen können, wie verheißungsvoll es damals gerade auf dem Land gewesen sein muss, rauszukommen aus dem geerbten alten Häuschen und ohne monatelange »Eigenleistung« auf dem Bau in ein schlüsselfertiges Domizil mit allem modernen Komfort einzuziehen. Diese Modernisierung aus dem Katalog war ein Glücksversprechen, das keine reine Illusion geblieben ist. Wirklich, das Haus mit der Typenbezeichnung 100/F ist gar nicht schlecht. Beim Abbau war es noch in relativ gutem Zustand. Der Grundriss ist originell: Weil das Wohnzimmer mehrere Zugänge hat, ergibt sich ein ringförmiger Parcours durch das Haus. Durch die Auflösung ganzer Wandabschnitte in Fensterflächen kommt besonders dort im zentral gelegenen Wohnzimmer viel Tageslicht herein. Weil diese schöne neue Welt ohne Auto nicht vollständig gewesen wäre ist die Garage bereits in das gemauerte Souterrain integriert, auf dem das ganze Haus aufsitzt.

Die Moderne und das Dorf – für das Freilichtmuseum waren das einmal Gegenspieler. Fertighäuser, Autos und Massenmedien waren doch das, was alles Traditionelle zu zerstören schien. Und jetzt? Jetzt hat Kommern sein Thema radikal erweitert und einfach das mit aufgenommen, was früher mehr oder weniger sein Feindbild war. Damit passt das Museum wunderbar in unsere heutige, sich weiterentwickelnde Moderne, die gerade lernt, solche Widersprüche fruchtbar zu machen. Das Ergebnis in Kommern spricht für sich, es macht Freude, stimmt aber auch nachdenklich: Wie sähe eigentlich unsere Gesellschaft aus, wenn auch andere Institutionen sich so erneuern könnten wie dieses Museum?

Josef Mangold vor der Milchbar aus Brühl

Museumsdirektor Josef Mangold, der inzwischen in den Ruhestand gegangen ist, hat für seine kleine Revolution auf dem Kahlenbusch sogar über Deutschland hinaus viel Anerkennung erhalten. Andere Freilichtmuseen haben damit begonnen, das Konzept zu übernehmen. Der »Watteler«, der Bungalow und das Fertighaus sollen in Kommern aber nur der Anfang sein von etwas Größerem. Sie sind die ersten Bausteine eines Geländes, das »Marktplatz Rheinland« heißt. Das ist ganz wörtlich zu nehmen: Ein Platz wird entstehen, gerahmt von weiteren Häusern und in seiner Form angelehnt an echte kleinstädtische Vorbilder draußen im Rheinland. Eine Ecke dieses fiktiven Marktplatzes ist bereits durch ein im Moment noch freistehendes Gebäude markiert. Es handelt sich um eine Milchbar, in der früher, umgeben von amerikanisch angehauchtem Chic, nichtalkoholische Getränke genossen werden konnten. Sie war 1955 in Brühl bei Köln eröffnet worden, passenderweise in einer Straße, die nach dem deutsch-amerikanischen Politiker Carl Schurz benannt ist, dem Weggefährten von Gottfried Kinkel. Im Zentrum des Museumsmarktplatzes steht schon die gelbe Telefonzelle, die am deutlichsten zeigt, dass diese Welt hier modern ist, aber noch nicht zu unserer Smartphone-Epoche gehört.

Seit 2019 ist auch die Kirche im Dorf angekommen. Sie kam aus Overath im Bergischen Land hierher an den Rand der Eifel, wo sie ein Stück neben dem Marktplatzgelände wiederaufgebaut

Zukunftsperspektiven in Kommern

wurde. Ihr Entwurf stammt von Otto Bartning, der die Moderne in den evangelischen Kirchenbau in Deutschland gebracht und in Berlin, Essen oder Köln in den zwanziger Jahren aufsehenerregende Kirchen errichtet hat. Aber diese hier in Kommern ist ein bescheidener Bau, sie erinnert außen wie innen an eine Scheune. Allerdings sind die beiden Giebelseiten verglast, sodass es im Innenraum noch heller ist als im Quelle-Fertighaus, mit dem die Kirche noch eine Gemeinsamkeit hat: Sie ist ein Typenbau, von dem etwa 50 Exemplare realisiert worden sind. Das war kurz nach dem Zweiten Weltkrieg, etliche Kirchen waren unbenutzbar, außerdem waren viele evangelische Flüchtlinge ins Rheinland gekommen. Mit Bartnings sogenannten Notkirchen sollten schnell neue Gottesdiensträume entstehen. Weil sie aber – im Unterschied zum Quelle-Fertighaus – nicht schlüsselfertig geliefert wurden und auf Basis einer Art Bausatz von den Gemeinden selbst, in Eigenleistung, auf- und ausgebaut wurden, gleicht keine Notkirche ganz der anderen. Heute sind die Kirchen wieder in Not, aber das Problem ist ein genau gegenteiliges: Es kommen immer weniger Menschen in die Gottesdienste. Viele Kirchengebäude aus der Nachkriegszeit gelten als überflüssig. Am besten sollten sie direkt an ihren Standorten mit einer neuen Nutzung ein zweites Leben bekommen. Die Kapazitäten des Freilichtmuseums Kommern sind begrenzt und es kann und will heute kein Asyl mehr sein, weder *vor der* noch *für die* Moderne.

Dennoch werden weitere charakteristische Bauten aus der Zeit nach 1945 dringend gesucht. Wer zum Beispiel eine stillgelegte Tankstelle kennt, die vielleicht den Weg nach Kommern antreten könnte, darf sich vertrauensvoll an Carsten Vorwig wenden, der inzwischen als Nachfolger von Josef Mangold Leiter des Freilichtmuseums geworden ist. Durch einen solchen Tipp ist zum Beispiel das Quelle-Fertighaus auf den Kahlenbusch gekommen. Da Elektroautos nicht mehr zur Zapfsäule müssen, sollten demnächst doch eigentlich auch Tankstellen reif fürs Museum werden? Was die Besucherinnen und Besucher auf dem Marktplatz Rheinland im Moment sehen, ist jedenfalls immer nur ein Zwischenstand. Der Rückblick in das 20. Jahrhundert ist in Kommern ein Projekt, das weit in die Zukunft reicht.

Eine Erschütterung

Gedenken auf Umwegen

Erinnern ist immer unwahrscheinlich und bedarf großer Anstrengungen.
(Aleida Assmann)

Wir waren auf dem Weg nach Reifferscheid. Das ist ein eher stiller Burgort, auf einem Hügel eng zusammengerückt und nicht besonders viel besucht, kein Andrang wie in Monschau oder auf der Burg Eltz. Nur ein kleines Café gibt es in dem auf einer Anhöhe liegenden alten Stadtkern. Wir gingen durch das Tal der Olef. Das Wasser in dem kleinen Fluss hat an dieser Stelle schon eine Talsperre durchquert, wenige Kilometer entfernt fließt es bereits in die nächste. Im Oleftal gibt es ausgedehnte Gewerbegebiete mit Discountern und Baumärkten, aber auch mit einer Reihe von mittelständischen Betrieben und damit Arbeitsplätze für Menschen in der Region. Touristen freuen sich hingegen weniger über die kastenförmigen Hallen, die in dem engen Tal viel Platz beanspruchen. Vor uns lag jetzt aber erst einmal Blumenthal, das klang idyllisch. Also gingen wir ab von dem Waldweg am Hang oberhalb der Olef und in den Ort.

Was wir dort fanden, das rüttelte die Idylle der Nordeifel stärker durch, als zugebaute Ortsränder oder Verkehrslärm es jemals gekonnt hätten: Eine schlichte, flache Plattform, darauf zwei aufrecht stehende Stahlträger, zwischen denen eine Glasplatte befestigt war. Darauf befand sich eine Inschrift, die aber nur noch teilweise zu erkennen war, denn das Glas war völlig durchzogen von Rissen. Hier hatte etwas eingeschlagen, wie eine Momentaufnahme einer Explosion sah das aus, die Aufzeichnung einer bleibenden Erschütterung. Was war das, wovor standen wir hier?

Ein großer Schaukasten, der in einem respektvollen Abstand an der Seite aufgestellt war, zerstreute schnell alle wilden Vermutungen: Es handelte sich um ein Mahnmal und es erinnerte an den früheren Versammlungsort der jüdischen Gemeinde im Oleftal, von dem heute sonst nichts mehr zu sehen ist. Hier, in diesem abgelegenen Tal, hatte es also eine Synagoge gegeben? Vielleicht hat man einige schwarz-weiße Bilder vor Augen vom 9. und 10. November 1938, von in Brand gesteckten Synagogen in Berlin, in Hannover, in Frankfurt am Main, das schon. Aber sich die Gewalt dieser Reichspogromnacht in der Eifel vorzustellen, die festgelegt ist aufs Idyll, dort, wo die Welt noch in Ordnung sein soll, das fällt gar nicht so leicht. Uns kam wenigstens noch Norbert Scheuer in den Sinn, der Schriftsteller aus dem nahegelegenen Kall, dessen Erzählungen alle dort in Kall und der Umgebung spielen, bei dem die Nordeifel sich aber zu einer oft düsteren, manchmal surrealen Welt verwandelt. In seinem Roman *Winterbienen* geht es um den Bienenzüchter Egidius Arimond, der im Zweiten Weltkrieg Juden über die Grenze nach Belgien bringt. Versteckt in Arimonds Bienenstöcken gelingt den verfolgten Menschen in Scheuers Geschichte die Flucht.

Blumenthal aber gab und gibt es wirklich. Wie wir später herausfanden, gibt es am Zengelsberg, im Südteil des Ortes, wo kürzlich ein Neubaugebiet ausgewiesen wurde, auch einen jüdischen Friedhof. Auf einer weiten, fast leeren Rasenfläche stehen dort einige Grabsteine. Nur ein paar Bäume stehen noch dabei, einer hat einen Grabstein überdeckt mit dem grotesken Auswuchs seines Stammes. Ein besonderer Ort, aber als wir erst einmal dafür sensibilisiert waren, stellte sich heraus, dass es in der Eifel noch viele weitere jüdische Friedhöfe gibt. Ganz in der Nähe, in Schleiden, auch in Reifferscheid, in Mechernich, in Kall und in Bad Münstereifel. Schaut man weiter in den Osten und Süden der Eifel, dann erscheinen noch viel mehr Namen: Ahrweiler, Niederzissen, Nickenich, Mayen, Bassenheim, Kaisersesch, Wittlich, Bitburg und natürlich Trier mit seiner langen Geschichte. Auch in Mendig gibt es einen jüdischen Friedhof. Man folgt der Heinrich-Heine-Straße, biegt ab in die Anne-Frank-Straße und gelangt zu einem schmalen, von Hecken umstandenen Gelände mit Grabsteinen aus Basalt. Umgeben ist der historische Friedhof von der Alltäglichkeit moderner Einfamilienhäuser. Man kann heute, das wurde uns bewusst, vieles wissen über die einstigen jüdischen Bewohnerinnen und Bewohner der Eifel.

Der Friedhof in Blumenthal wurde, nachdem 1937 die letzte Bestattung stattgefunden hatte und nach dem Zweiten Weltkrieg kein Grabstein mehr aufrecht stand, sogar wiederhergerichtet. Dennoch verblasste das Wissen um die jüdische Geschichte der Eifel. Es musste mit viel Mühe zurückgewonnen werden, von Menschen wie Hans-Dieter Arntz zum Beispiel. Er war Lehrer an einem Gymnasium in Euskirchen, heute die Kreisstadt, der Bad Münstereifel, Kall, Schleiden und auch die Gemeinde Hellenthal zugeordnet sind, zu der Blumenthal gehört. Vor über 40 Jahren hat er damit begonnen, die jüdische Geschichte der Eifel zu erforschen, weil er nicht einverstanden war, dass »niemand darüber sprach, niemand etwas darüber wusste«. Er recherchierte in Archiven, versuchte den Zeitzeugen, die es in den achtziger Jahren noch so viel zahlreicher gab als heute, etwas zu entlocken, er schrieb viele Artikel und ganze Bücher, darunter eines zur Flucht jüdischer Menschen über die »grüne Grenze« nach Belgien im Umfang von nicht weniger als 808 Seiten. Solche Fluchthelfer wie die Hauptfigur in Norbert Scheuers Roman hat es wirklich gegeben. Meistens wollten diese sogenannten »Judentreiber« an der Not der Flüchtenden verdienen und ließen sich für ihre Dienste gut bezahlen. Scheuer hat sich hier an die Realität gehalten, auch sein Egidius Arimond ist kein Held, er braucht Geld für lebensnotwendige Medikamente.

Im Laufe seiner Arbeit knüpfte Hans-Dieter Arntz Kontakte zu den Nachfahren der jüdischen Eifler in allen möglichen Ländern. Diese persönlichen Beziehungen waren ihm besonders wichtig, er schöpfte daraus Motivation für seine Arbeit und sah sie als kleinen Baustein im langen Prozess einer Versöhnung. Die Sache wurde größer, als Arntz selbst erwartet hatte. Er erhielt Preise in den USA und in Israel, wurde zu einer Art internationalen Anlaufstelle für Menschen, die nach ihrer Herkunft suchten und sie dank ihm in der Eifel fanden. Neben seinem Berufsleben und später im Ruhestand entstand ein fast unüberschaubares Lebenswerk. Was uns faszinierte an seiner Arbeit: Das Kleine, die Orte in der Eifel,

Jüdischer Friedhof Blumenthal

von denen er ausgegangen war, und das Große, das man Welt-, Global- oder Migrationsgeschichte nennen kann, ist hier nicht mehr zu trennen.

Walter Hanf, ein weiterer Lokalhistoriker aus dem Kreis Euskirchen, hat nicht ganz so viel veröffentlicht wie Hans-Dieter Arntz. Das Buch, das er 2014 veröffentlichte, ist aber ebenfalls beeindruckend, ein dickes Monument mit einem knallroten Einband. Es handelt von den jüdischen Gemeinden im Tal der Olef. Wir fanden es eher zufällig, es ist das Projekt eines Einzelnen, das aber von vielen Unterstützern und Sponsoren gefördert wurde. Dank dem Buch lernten wir die Geschichte der Synagoge von Blumenthal kennen.

Die Synagoge war im Sommer 1904 eingeweiht worden, der Bürgermeister und die katholische Gemeinde nahmen an dem Festakt teil. Rund 15 Meter lang war das Bauwerk, hatte Verzierungen im Rundbogenstil, auch Rathäuser und Kirchen wurden damals so gestaltet. Die Synagoge galt als eine der schönsten und größten der Eifel. Das Grundstück allerdings lag direkt am Bahndamm der Oleftal-Strecke, wo wahrscheinlich keine Kirche und kein Rathaus gebaut worden wären. Obwohl in dem Buch von Walter Hanf Planzeichnungen zu sehen sind, hatten wir Schwierigkeiten, uns das Bauwerk vorzustellen – bis wir entdeckten, dass sich anderswo in der Eifel etwas Vergleichbares erhalten hat: In Niederzissen im Brohltal gibt es noch ein ähnliches Synagogengebäude, das zweckentfremdet die Zeiten überdauert hat. Erst vor wenigen Jahren wurde seine ursprüngliche Funktion wieder kenntlich gemacht und die ehemalige Synagoge wurde zu einer Begegnungsstätte ausgebaut. Was in Niederzissen in der Reichspogrom-

Ehemalige Synagoge in Niederzissen

nacht 1938 geschehen ist, das ist nicht genau geklärt. Die Synagoge in Blumenthal wurde damals, 34 Jahre nach ihrer Fertigstellung, in Brand gesteckt. Der Lokalhistoriker Walter Hanf war zu diesem Zeitpunkt ein Jahr alt. Er hat alles, was man vorläufig über die Blumenthaler Synagoge wissen kann, zusammengetragen und es, 76 Jahre nach ihrer Zerstörung, an die Öffentlichkeit gebracht.

Als das rote Buch von Walter Hanf, *Juden im oberen Oleftal*, 2014 herauskam, hatte sich aber auch in Blumenthal selbst schon etwas getan. In einem Heimatverein, der sich ansonsten in dem ein Stück hinter Reifferscheid gelegenen Dorf Rescheid vor allem um ein Besucherbergwerk kümmert, hatte sich ein Arbeitskreis gegründet. JudiT.H nannte sich die kleine Gruppe, das stand für »die Geschichte der Juden im Tal, Hellenthal«. Tatsächlich hatte JudiT.H es geschafft, dass am 9. November 2008, 70 Jahre nach den mörderischen Übergriffen in Deutschland, auf dem Grundstück in Blumenthal, wo nichts mehr an eine Synagoge erinnert hatte, nahe an der Bahnlinie, wo es längst keinen Linienverkehr mehr gibt, dieses Mahnmal eingeweiht werden konnte, auf das wir so unerwartet gestoßen waren.

Für die Gestaltung des Gedenkortes hatte es Vorschläge von verschiedenen Künstlern gegeben. Der Entwurf, der schließlich ausgewählt und realisiert wurde – Plattform, Stahlträger und Glasplatte, auf ihr zu lesen ein schlichter Hinweis auf die ehemalige Synagoge und ein Gedicht von Nelly Sachs, der Friedens- und Nobelpreisträgerin –, stammte von Maggie Töpfer. Hier am alten Bahndamm erinnerten die Stahlträger natürlich an Gleise, vielleicht an jene, die durch ein finsteres Tor führten, an einem Ort rund tausend Kilometer östlich von Blumenthal, der heute Oświęcim heißt. Auch dort, sogar dort, gab es eine Synagoge, die 1939 zerstört und später wiederaufgebaut worden ist. Heute kann sie besichtigt werden, ein kleines Haus mit Satteldach und großen, rundbogigen Fenstern. Wir konnten es kaum fassen: Sie sieht fast genauso aus wie die wiederhergestellte Synagoge in Niederzissen.

Was passierte in Blumenthal? Leider das Erwartbare. Ein halbes Jahr später wurde die Glasscheibe des Mahnmals zerstört, »zu möglichen Tätern gab es keine gesicherten Erkenntnisse«. Die Scheibe wurde ersetzt, aber diesmal wurde ein Verbundsicherheitsglas ausgewählt, um neuen Beschädigungen vorzubeugen. Sechs Monate später war der Schaden repariert, wir sind, das zur Erinnerung, jetzt im Jahr 2009. Aber bereits 2010 wurde die Scheibe des Mahnmals wieder schwer beschädigt vorgefunden, deutlich waren mehrere Einschläge zu erkennen, von denen ausgehend sich Risse wie Flammen durch das Glas zogen. Dass nachts Glasscheiben eingeworfen werden, kommt vor, kein Schaukasten, keine Bushaltestelle ist davor sicher. Das Motiv für die erneute Zerstörung des Denkmals kennt niemand. Aber wer wollte einen »politischen Hintergrund«, wie es in Polizeiberichten so unerbittlich nüchtern heißt, ausschließen?

Wahrscheinlich wäre uns diese ganze Geschichte nicht so im Gedächtnis geblieben, wenn die Scheibe einfach erneut repariert worden wäre, wenn die Arbeitsgruppe JudiT.H, die das Mahnmal initiiert hatte, an diesem Punkt nicht die Richtung gewechselt und eine überraschende Entscheidung getroffen hätte: Alles sollte bleiben, wie es jetzt war. Die Glasscheibe war versehrt, aber sie stand ja noch. Die Einschläge in ihr wurden sorgfältig erhalten, sodass wir Jahre später, als wir ohne etwas zu ahnen nach Blumenthal gekommen waren, irritiert diese irgendwie auch kunstvoll erscheinenden, jedenfalls enorm ausdrucksstarken Spuren entdeckten, die nun in das Mahnmal eingeschrieben waren. Es war nie so gedacht, aber nun erinnerte es plötzlich auch an die eingeworfenen Scheiben im November 1938. Wer auch immer diesen Ort attackiert hat, hat ihm zu noch mehr Kraft verholfen. Wie ein Judo-Kämpfer schien das Mahnmal die gegen es selbst gerichteten Schläge aufzunehmen und daraus noch an Energie zu gewinnen.

Als Ort des Erinnerns hatte das Mahnmal von Blumenthal damit eine andere Form angenommen als die bekannten Stolpersteine von Gunter Demnig, sie erscheint sogar fast gegensätzlich. Die Stolpersteine sind in die Straße eingelassene Messingplaketten, mit denen der Künstler an die Namen und Wohnorte vieler Tausender Opfer des Nationalsozialismus erinnert. Zusammen bilden sie ein sich noch ständig weiter ausdehnendes Netz, eine Topographie des Gedenkens, die sich inzwischen über 27 Länder erstreckt. Stolpersteine gehören jetzt auch zu der Erinnerungslandschaft im Oleftal: Die Mitglieder von JudiT.H haben ihre Verlegung in den Eifelgemeinden angeregt. In dem von der Gruppe initierten Mahnmal dagegen hat sich etwas verdichtet, der Bezug auf die Vergangenheit fällt zusammen mit dem Geschehen der Gegenwart.

Mahnmal in Blumenthal, 2020

Das Bild des Blumenthaler Mahnmals mit der geborstenen Scheibe ist inzwischen selbst zu einer Erinnerung geworden. Weil sich das gekittete Glas nach einigen Jahren als sehr fragil herausstellte, musste es aus Sicherheitsgründen doch noch abgenommen werden. Ein Ersatz ist geplant, die Gedenkstätte wird noch einmal einen neuen Anlauf nehmen.

Wenn es noch eines Beweises bedarf, dass Erinnern kein Erstarren vor der Geschichte ist, sondern ein dynamischer Prozess, mit manchmal schwierigen Umwegen, der konstruktiv und sogar bereichernd sein kann: Hier in Blumenthal ist das alles zu sehen.

Synagogen-Mahnmal in Mendig

Beim Bundesgrenzschutz, 1952

Europafrühling

Die Bürger Zentraleuropas sind Spezialisten in Sachen Grenze und Grenzüberschreitung. […] Jede Veränderung der Großwetterlage in der Weltpolitik hatte dort unmittelbare Auswirkungen.
(Karl Schlögel)

Wer im Netz eine Karte der Nordeifel aufruft, dann ein wenig heranzoomt auf den Ort Mützenich bei Monschau, zweifelt vielleicht an sich selbst oder wird glauben, einen Fehler gefunden zu haben. Ich nutze gern die kollektiv von Hunderttausenden Engagierten erarbeitete *OpenStreetMap*, und um Mützenich herum sieht man dort: zwei lilafarbene Linien, wo eigentlich nur eine sein sollte. Das ist die Grenze zwischen Deutschland und Belgien, oder muss man hier sagen: die Grenzen? Wieso ist hier der Grenzverlauf irgendwie verdoppelt?

Grenzen können sich immer wieder wandeln, und auch diese hier hat das getan. Aber wenn sie nicht gerade gewaltsam oder am Verhandlungstisch verschoben werden, sind Grenzen dann nicht etwas klar Definiertes? *Eine* Linie, westlich davon A, östlich B, stellt man es sich nicht so vor? So habe ich es auch bei dem Historiker Karl Schlögel gelesen: »Grenzen sind das denkbar Eindeutige. Sie trennen Drinnen und Draußen. Sie verlaufen zwischen Diesseits und Jenseits.« Allerdings umreißt er damit auch nur das, was wir normalerweise glauben. Er schreibt über Grenzen, weil er Spezialist für das Uneindeutige, das Vermischte ist, er befasst sich mit ihnen, weil die »Kultur des Übergangs« das ist, was ihn im Kern interessiert. Schlögel hat viele faszinierende Reiseberichte und Beobachtungen veröffentlicht, aber über die Nordeifel konnte ich bei ihm nichts finden. Was hat es also mit diesen Grenzschleifen auf sich, in denen Mützenich und auch Teile der Orte Lammersdorf und Roetgen liegen? Ich habe eine ganze Zeit gebraucht, um das herauszufinden, obwohl die Antwort sogar in der Wikipedia zu lesen ist. Wenn man denn weiß, wonach man sucht.

Genau genommen gibt es bei Mützenich nicht nur zwei, sondern sogar drei Grenzlinien. Wenn man von Belgien aus zu Fuß durch die Hochmoorlandschaft des nördlichen Hohen Venns geht, öffnet sich irgendwann ein weiter Ausblick, denn man befindet sich hier auf über 600 Metern. Alles, was im Osten liegt, gehört zu Deutschland, die erste, die »normale« Grenze hat man hinter sich gelassen. Zwei Kilometer weiter unten im Tal aber ist man plötzlich noch einmal für einen Moment in Belgien, ehe einen wenige Meter weiter wieder die Bundesrepublik empfängt. Zwischen den Grenzen Nummer 2 und Nummer 3 sollte man, gerade am Wochenende, aufpassen, dass man nicht mit Fahrradfahrern zusammenstößt, denn auf diesem schmalen Streifen belgischen Gebiets verläuft ein beliebter Radweg.

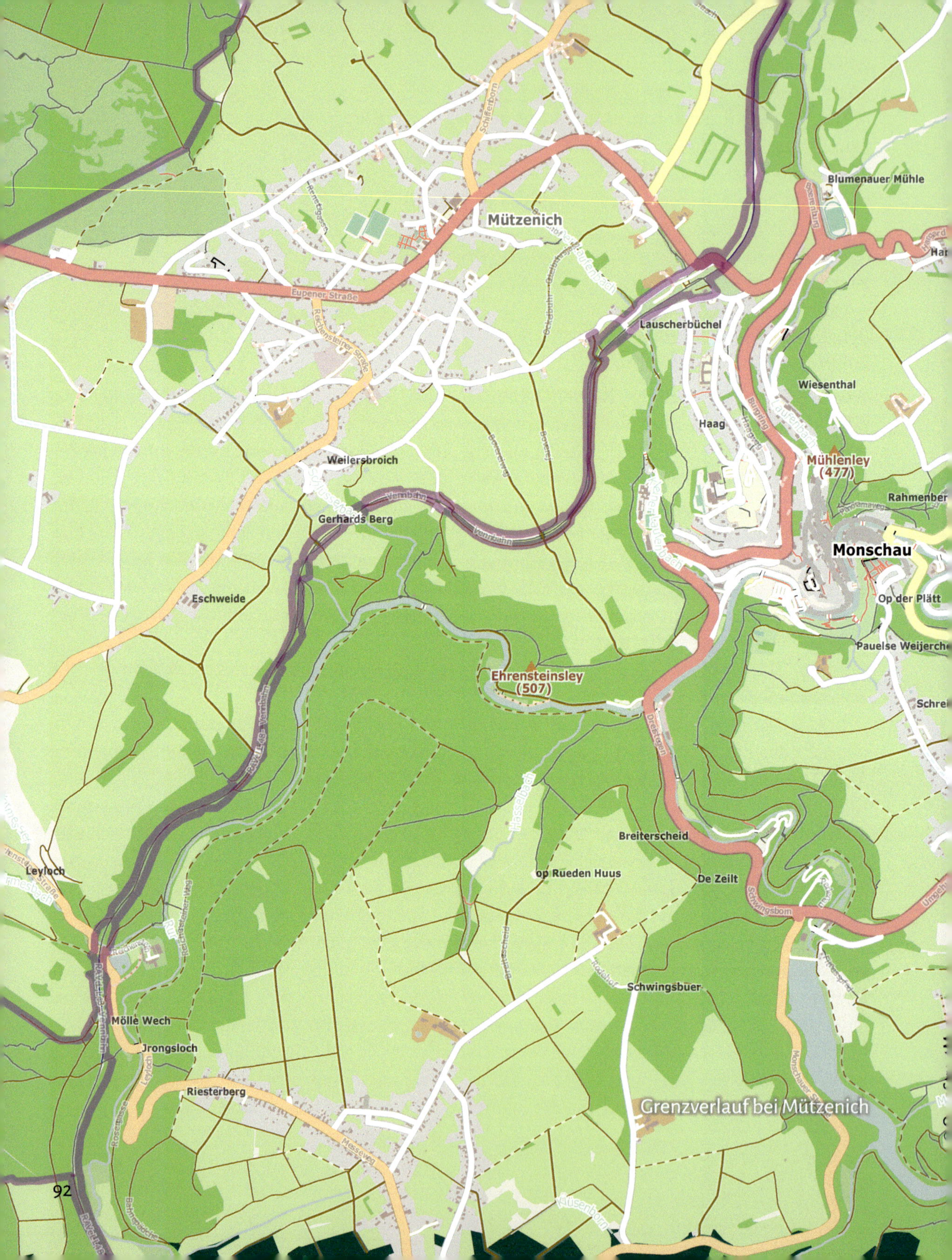

Mützenich
Eupener Straße
Lauscherbüchel
Blumenauer Mühle
Wiesenthal
Haag
Mühlenley
(477)
Rahmenber
Monschau
Op der Plätt
Pauelse Weijerch
Weilersbroich
Gerhards Berg
Vennbahn
Eschweide
Ehrensteinsley
(507)
Breiterscheid
op Rueden Huus
De Zeilt
Schwingsbüer
Leyloch
Mölle Wech
Jrongsloch
Riesterberg
Messweg
Grenzverlauf bei Mützenich

Grenzgebiet

Was jetzt schon nicht mehr überraschend ist: Auch dieser Radweg war einmal ein Bahndamm. Hier verlief die Trasse der Vennbahn, die früher Aachen mit Luxemburg verband. Da sie wirtschaftlich und strategisch von großer Bedeutung war, reklamierte Belgien die Strecke nach dem Ersten Weltkrieg für sich, hatte Erfolg und damit die Hoheit über einen schmalen Streifen Land mit Schienen darauf. Das ist bis heute so geblieben und Mützenich liegt deshalb in einer Exklave: Es gehört zu Deutschland, liegt aber wie eine Insel jenseits des vor einem Jahrhundert so umstrittenen Verkehrswegs.

Entlang dieser Grenze am Westrand der Eifel kann man das ganze 20. Jahrhundert nacherzählen. Zunächst ist das eine Geschichte voller Unversöhnlichkeit und geprägt von fataler Selbstüberschätzung auf der deutschen Seite. Nach dem Ersten Weltkrieg hatte Deutschland nicht nur die Vennbahn Belgien überlassen müssen. Auch die Kreise Eupen und Malmedy, die zuvor noch als Teil der Eifel gegolten hatten, wurden nach den Vorgaben des Versailler Vertrages vom Deutschen Reich abgetrennt und 1925 in das belgische Staatsgebiet eingegliedert, was nicht ohne Zwangsmaßnahmen gegen die deutsche Bevölkerung ablief. »Neubelgien« wurde dieses Territorium ab jetzt verächtlich in Deutschland genannt, wohl um anzuzeigen, dass es nur vermeintlich oder fälschlich oder vorübergehend belgisch sei. Ganz so eindeutig deutsch war die Gegend um das Hohe Venn vorher aber auch nicht gewesen. Sie wurde erst 1815 Teil Preußens und des Deutschen Bundes, es hatten in der ganzen Zeit danach dort immer auch Menschen gelebt, die Französisch oder Wallonisch sprachen.

Anfangs war das weder für diese Menschen noch für die deutschsprachige Obrigkeit ein Problem, soweit ich herausfinden konnte. Auf jeden Fall war Europa zu dieser Zeit auch anderswo noch nicht so eindeutig aufgeteilt in Nationalstaaten, die sich als abgeschlossene Gebilde mit einer einheitlichen Bevölkerung begreifen. Das beste Beispiel ist das damalige Kaisertum Österreich, ein verwirrendes Konstrukt, in dem Deutsch, Ungarisch, Tschechisch und viele weitere Sprachen gesprochen wurden. In der Gegend um das Hohe Venn kam es erst zu Konflikten, als die Nicht-Deutschsprachigen nach Gründung des Deutschen Reiches 1871 zunehmend an den gesellschaftlichen Rand gedrängt wurden.

In den dreißiger Jahren waren die Bewohner der neu zugeschnittenen Eifel, für die sich doch meistens niemand interessiert hatte, zum »deutschen Grenzvolk im Westen« geworden, zur Speerspitze hinein in einen »Westraum«, auf den das Deutsche Reich Ansprüche erhob – und damit waren keineswegs nur die verlorenen Territorien gemeint. Mindestens aber sollten die Eifler zu einem menschlichen Bollwerk gegen den laut der Propaganda des Nationalsozialismus von überallher drohenden Feind werden. Auf genau diese Rolle hat auch der Eifelverein seine Mitglieder und die Menschen in der Region ab 1933 eingeschworen. Allen anderen »Volksgenossen« wurde im Vereinsblatt »Kraft durch Erholung« im »schönen deutschen Grenzland« versprochen und die Jugendherbergen der Eifel wurden zur Heimstätte »echten, ungekünstelten, wahren Volkstums« erklärt. Auch der »Volkskanzler«, der bald darauf zum »Führer« wurde, kam in der Zeitschrift des Eifelvereins jetzt immer wieder zu Wort.

Vor Ort blieb es nicht bei dieser verbalen Aufrüstung. 1936 wurde mit dem Bau des Westwalls begonnen, einer Befestigungsanlage von Kleve am Niederrhein bis an die Schweizer Grenze bei Basel. Auch in der Eifel wurde diese Linie mit Bunkern und Gräben versehen sowie mit Panzersperren aus Beton. Diese pyramidenförmigen Hindernisse wurden, wegen ihrer Form und dem Mythos, der um den Wall herum aufgebaut worden war, als »Drachenzähne« verherrlicht. Noch heute stehen sie merkwürdig in der Landschaft herum und wirken kurios oder gar niedlich, wenn sie sich im Winter scheinbar als Schneegeister verkleiden und den Gedanken an Krieg leicht verdrängen lassen.

Parallel dazu war in der Nordeifel, zwischen der Dreiborner Hochfläche und der Urfttalsperre, noch eine symbolische Festung hochgezogen worden: Die sogenannte Ordensburg Vogelsang war als ideologische Kaderschmiede der NS-Parteielite gedacht. Überragt wird die Anlage, die fast vollständig erhalten und inzwischen zum »Internationalen Platz« mit Dokumentationszentrum geworden ist, von einem kantigen Turm. Zunächst war er als Wasserreservoir geplant worden, dann funktionslos, aber man sollte sich zweifellos vorstellen, dass von hier aus ein zu allem entschlossener Blick nach Westen gerichtet wurde. Tatsächlich reicht die Aussicht von dem Turm über den ganzen heutigen Nationalpark Eifel – aber weiter auch nicht.

Als amerikanische Streitkräfte im Oktober 1944 die Offensive im Hürtgenwald begannen,

»Drachenzähne« im Schnee

war die hochgerüstete Grenze in der Nordeifel zur Front geworden. Aus deutscher Sicht war hier längst nichts mehr zu gewinnen, es war ein aussichtsloser Abwehrkampf, der den Zweiten Weltkrieg in Mitteleuropa nur noch verlängert hat, die Heimat, die angeblich verteidigt werden sollte, verwüstete und – was für ein Erbe, als hinge ein Fluch über der Landschaft – noch die Urenkel der Kriegsgeneration abseits der befestigten Waldwege in Lebensgefahr bringt: Niemand weiß, wo überall noch die deutschen Minen im Boden liegen. Weil die Sprengladungen in Glasbehälter gepackt wurden, lassen sie sich mit Metalldetektoren nicht finden.

Nach 1945 wurde das Gebiet zwischen dem Hürtgenwald im Westen und dem Tal der Rur im Osten eine Erinnerungslandschaft, wie es sie wohl nirgendwo sonst in Deutschland gibt. Soldatenfriedhöfe, Gedenksteine, Kreuze und anderes mehr sind die Elemente, aus denen sie sich zusammensetzt. Natürlich sollen die brutalen Kämpfe in dieser Gegend und ihre Toten nicht vergessen werden, aber viele dieser Erinnerungszeichen müssen sich, spätestens heute, Fragen gefallen lassen. Schaut man sich hier um, dann entsteht der Eindruck, dass dieser Krieg eine Art Naturkatastrophe gewesen sein muss, alle waren Opfer und hatten nur ihre Pflicht getan. Auf der Kriegsgräberstätte in Vossenack steht ein monumentaler, steinerner Sarkophag. Auch wenn hier offiziell »zum Frieden gemahnt« wurde, war es doch die gleiche Form, in der wenige Jahre vorher

»Kriegshelden« verehrt worden waren. Das alles in größere Zusammenhänge einzufügen wäre eine lohnende Aufgabe. Erste Initiativen dazu gibt es schon, auch hier kamen sie »von unten«, von Einzelpersonen wie dem Kölner Historiker Frank Möller. »Von oben« gab es bisher wenig Interesse. Während der Hürtgenwald in den USA als Ort des Kampfes gegen Nazi-Deutschland vielen etwas sagt, während in Berlin gefühlt an jeder Straßenecke ein Mahnmal mit einem fein austarierten Konzept entsteht, gibt es in der Rureifel noch immer keine klare Linie, wenn es darum geht, wie an den vom nationalsozialistischen Deutschland begonnenen Krieg sinnvoll erinnert werden soll.

Knapp sieben Jahre nach Kriegsende beginnt die einzige Episode meiner eigenen Familiengeschichte, die in der Eifel spielt. Mein Großvater war damals beim Bundesgrenzschutz. Am 1. Januar 1952, morgens um acht, sprangen er und einige Kollegen in einer Kaserne im bayrischen Deggendorf auf die Ladefläche eines LKW, zwängten sich auf die an den Seiten montierten Klappbänke und fuhren los. 66 Jahre später glaubte er sich zu erinnern, das Thermometer habe an diesem Tag minus 8 Grad gezeigt. Die Ladefläche sei nur mit einer Plane bedeckt gewesen, die den Wind fast ungehindert habe durchziehen lassen. Das Ziel der Fahrt war: die Gegend um Mützenich. Meinen Großvater, der eigentlich aus Oberschlesien stammte und der nach dem Zweiten Weltkrieg und eineinhalb Jahren Internierung in der Tschechoslowakei eher zufällig nach Bayern gekommen war, hatte es nun wieder woandershin verschlagen: Er bewachte jetzt in der Eifel die deutsch-belgische Grenze. Für ihn war es eine harte Zeit. Auch im Dienst froren die jungen Grenzer erbärmlich in ihren sogenannten Blechmänteln, deren billiges synthetisches Material bei Frost erstarrt am Körper hing. Aber auf der anderen Seite stand jetzt kein Feind mehr. Das große Thema dieser Zeit im Grenzgebiet war der Kaffeeschmuggel. Doch auch das war nicht so harmlos, wie es sich heute anhört: Mitunter durchbrachen Schmuggler mit schweren Fahrzeugen die Grenzkontrollen, die Beamten wurden aufgerüstet. Es gab Todesopfer auf beiden Seiten, bis im August 1953 die Kaffeesteuer in der Bundesrepublik abgesenkt wurde und der Schmuggel sich nicht mehr lohnte.

Schaut man noch ein Jahrzehnt weiter, dann waren die Eifel und die benachbarten Ardennen bereits »eine friedliche, grüne Insel« geworden, »das grüne Herz Europas«. So steht es zumindest im Vorwort eines Buches über den deutsch-belgischen Naturpark, der in den sechziger Jahren Gestalt annahm. Geografisch sprach vieles für diese Idee, denn eine landschaftliche Grenze zwischen der Eifel und den Ardennen gibt es nicht. Eigentlich ist mir mehr als unwohl dabei, dass ich hier, dass ich in diesem ganzen Buch irgendwie so tue, als stünde am Westrand der Eifel eine Wand und dahinter sei etwas ganz Anderes. Warum habe ich über die Ardennen so wenig zu sagen und auch über Luxemburg, den direkten Nachbarn der Südeifel? Falle ich hier nicht zurück in etwas, das schon in den Sechzigern verabschiedet worden ist? »Im Zeichen des Europafrühlings schicken sich Eifel und Ardennen an, ihr Schicksal als Grenzgebiete zu überwinden.« Europafrühling, was ist das eigentlich für ein Wort? Die Zeit scheint erstaunlich schnell alle Wunden geheilt zu haben. Oder ist es eher der Mantel des Schweigens, der hier über die früheren deutschen Aggressionen gelegt wurde, wo doch die Minenfelder aus den vierziger Jahren noch heute bedrohlich sind? Die Erinnerung war auf beiden

Kriegsgräber und »Sarkophag« in Vossenack

Seiten selbstverständlich noch da an den »letzten Krieg«, wie man damals sagte, wenn man den noch nicht so lange zurückliegenden Zweiten Weltkrieg meinte. Hätte man sich damals vorstellen können, dass es wirklich der *letzte* Krieg gewesen sein würde, zumindest zwischen jenen Staaten, die begonnen hatten, ein vereintes Europa aufzubauen?

Was in der Nachkriegszeit eine vielleicht etwas schönfärberische Utopie war, wurde im März 1995 tatsächlich in gewisser Weise Realität: Das Schengener Abkommen trat in Kraft, benannt nach einer kleinen Gemeinde in Luxemburg, etwa 150 Kilometer von Mützenich entfernt. Dort war beschlossen worden, dass es zwischen allen beteiligten Staaten einen »freien Personen- und Warenverkehr« geben solle – auch die Grenzkontrollen zwischen Deutschland und Belgien fielen damit weg. Diese Grenze, die mein Großvater noch frierend bewachen musste, sie war ab jetzt nur noch eine abstrakte Angelegenheit, im Alltag fast ohne Bedeutung. Als ich zum ersten Mal bei Mützenich unterwegs war, bemerkte ich erst hinterher, beim nachträglichen Blick in die Karte, durch welch sonderbare Gegend ich gekommen war – ja, hier passt das Wort wieder. Sich so frei bewegen zu können, dass man über drei Grenzlinien hinweggeht, ohne es zu bemerken, das ist seit »Schengen« unsere Normalität. Nur die ein wenig Älteren wissen noch, dass das alles andere als normal ist. Das Grenzland ist seitdem zur Kontaktzone geworden. Wer bis dahin am Rand gelebt hatte, genoss jetzt plötzlich einen Standortvorteil. Inzwischen kann man laut Medienberichten statistisch nachweisen, dass die Mieten in dieser Grenzregion höher sind als weiter im Landesinneren.

Als im Frühjahr 2020 das Corona-Virus nach Europa gelangt war und die Normalität wie ein Kartenhaus in sich zusammenstürzte, wurde das auch in der Eifel und den Ardennen sofort spürbar: Die Kontrollen zwischen Deutschland und Belgien kamen zurück. Anders als etwa an der Grenze zu Frankreich wurden die Übergänge hier jedoch niemals geschlossen. Zumindest wer einigermaßen gute Gründe hatte, durfte weiterhin passieren. Dass das so war, hatte ganz wesentlich mit Armin Laschet zu tun. Wer sich schon nicht mehr erinnern kann: Er war damals noch Ministerpräsident von Nordrhein-Westfalen und ein Feindbild für alle, die am Hambacher Forst gegen Braunkohleverstromung protestiert hatten. Mit seiner Kandidatur als Bundeskanzler ist er anscheinend nicht zuletzt an einer kleinen Geste gescheitert, einem unbedachten Lachen, als er im Juli 2021 das Überflutungsgebiet an der Erft besuchte, dem Fluss, dessen Quelle sich bei Holzmülheim in der Nordeifel befindet. War es das dort von den Hängen zusammenströmende Wasser, das auch Laschet davongespült hat von der großen politischen Bühne?

Im Jahr zuvor jedenfalls, zu Beginn der Pandemie, hatte sich Armin Laschet entschieden gegen Grenzschließungen zwischen Deutschland und Belgien gestemmt und sich dafür sogar mit dem Bundesinnenministerium angelegt. Hinterher sprach er von einem Kampf, der sich gelohnt habe, es sei ein guter Tag gewesen für Nordrhein-Westfalen. Als 2023 der sechzigste Jahrestag des Élysée-Vertrages gefeiert wurde, dem Partnerschaftsabkommen zwischen Deutschland und Frankreich, hat Laschet wieder an den Anfang der Corona-Phase erinnert. Aus seiner Sicht ist es damals zu nichts weniger als einem »Sündenfall« gekommen:

> *Wenn ein Problem auftaucht, denken manche als Erstes: Grenzen schließen. Und so wurde die deutsch-französische Grenze geschlossen – zu Baden-Württemberg, zum Saarland, zu Rheinland-Pfalz – anstatt grenzüberschreitend zu arbeiten. Und wieder begannen Ressentiments zu wachsen, wenn ein französisches Auto auf die andere Seite fuhr. Hier hätte man europäisch, so wie es im Vertrag steht, gemeinsam handeln müssen.*

Mit dieser Sache war es Armin Laschet, der oft nicht ganz ernst genommen wurde, tatsächlich sehr ernst. Und er wusste immer ganz genau, wovon er sprach: Seine Heimat ist die Grenzstadt Aachen, wo das Dreiländereck mit Belgien und den Niederlanden ganz nah ist und wo auch die alte Vennbahn ihren Ausgangspunkt hatte.

»Wenn ein Problem auftaucht, denken manche als Erstes: Grenzen schließen.« (Armin Laschet)

Nike-Raketenstellung bei Blankenheim

Absurdität und Kühnheit

Bisher hatten wir außerordentlich viel Glück.
Aber Glück haben ist keine Strategie.
(António Guterres)

Eigentlich sollte es hier noch einmal nur um die Vergangenheit gehen, um die Zeit von 1950 bis in die achtziger Jahre, fast ein halbes Jahrhundert. Es war eine Epoche, die einerseits eine Nachkriegszeit war, in der so etwas Unwahrscheinliches wie ein »Europafrühling« seinen Lauf nehmen konnte. Aber andererseits stand diese Zeit im Schatten von etwas Ungeheurem, etwas, das prinzipiell möglich wurde, ganz und gar nicht auszuschließen war – und doch undenkbar blieb: Der Kalte Krieg, der diese Jahrzehnte mal mehr, mal weniger bestimmt hat, er hätte ein heißer werden können.

Zuletzt, das heißt eigentlich noch bis ins Jahr 2022, schien das alles, zumindest in Deutschland, weitgehend in Vergessenheit geraten zu sein. Man kannte noch die Bilder von den Großereignissen im Bonner Hofgarten. In den Park, durch den schon Gottfried Kinkel geeilt sein wird, um dann im Hauptgebäude der Universität seine Vorlesungen zu halten, waren in den achtziger Jahren mehrfach Hunderttausende Menschen gekommen, um zu demonstrieren. Es heißt, sie seien »für den Frieden« eingetreten, aber das klingt vielleicht zu schön, um wahr zu sein. Eigentlich waren es verzweifelte Versuche, das Undenkbare irgendwie wieder prinzipiell unmöglich werden zu lassen. Seit dem 24. Februar 2022, seit dem russischen Überfall auf die Ukraine, scheint diese Geschichte wieder zurückzukommen, obwohl sie doch so gründlich verdrängt worden ist, ohne je abgeschlossen gewesen zu sein. Mahnmale für den Kalten Krieg, zum Gedenken an die Eskalation, die zum Glück nie stattgefunden hat, gibt es nirgendwo.

Wirklich nirgendwo? In der Eifel, ausgerechnet dort, wo Menschen aus Köln, Koblenz oder auch den Niederlanden hinkommen, um für ein Wochenende ihren Alltagsstress abzustreifen, waren die Zeichen dieser Zeit nie ganz verschwunden. Tatsächlich kommen einige Gäste – das ist wirklich sonderbar – auch in die Eifel, um sich einen Eisenbahntunnel anzusehen, durch den nie ein Zug gefahren ist. Sein Eingang befindet sich im Hang des Ahrtals, ganz nahe bei der Weinlage Walporzheimer Kräuterberg und gegenüber dem alten Kloster Kalvarienberg. Was dort entstand, galt als das geheimste und gilt noch immer als das teuerste Bauprojekt der Bundesrepublik. Tief unter den Ahrbergen wurde in den unfertigen Eisenbahntunneln vom Anfang des 20. Jahrhunderts ein Bunker eingerichtet, der sogenannte »Ausweichsitz der Verfassungsorgane«. Hierhin sollte sich im Fall des Konfliktes, den die Demonstrantinnen und Demonstranten im Bonner Hofgarten durch einen Stopp der Aufrüstung verhindern wollten, die Bundesregierung zurückziehen, um handlungsfähig zu bleiben.

Der Regierungsbunker war mit lächerlichen Tarnnamen wie »Rosengarten« und »Dienststelle Marienthal« versehen, er war mehr als sonderbar, eigentlich ziemlich absurd. Was gedachten die Herren und wenigen Damen dort unten zu tun, wenn das Undenkbare eintrat? Das wusste natürlich niemand so genau. Trotz aller Bemühungen blieb der Bunker auch nicht richtig geheim, insbesondere in der DDR wusste man über ihn dank Spionen vor Ort im Ahrtal sehr gut Bescheid. Das war aber eigentlich auch nicht so schlimm, denn die Bundesregierung wusste ebenfalls schon frühzeitig, dass ihr Schutzraum im Ernstfall sowieso nicht genügend Schutz bot. Vielleicht um genau das nicht zu offenbaren, wurde trotzdem weitergebaut und 1972 ging die Anlage in den Bereitschaftsbetrieb. Heute kann ein Reststück des Regierungsbunkers besichtigt werden. Eigentümer ist noch immer die Bundesrepublik Deutschland, aber nur dank des Heimatvereins Alt-Ahrweiler, der diese Geschichte nicht dem Vergessen überantworten wollte, ist der Regierungsbunker zur Dokumentationsstätte geworden. Tief im Berg stoßen Besucher heute auf lange Gänge, die auch durch den beruhigenden beigefarbenen Anstrich der Wände nicht weniger klaustrophobisch wirken, auf viel Technik des vergangenen Jahrhunderts, auf Brot in Dosen und andere Relikte der jahrelangen Betriebsbereitschaft. In knallroten Sofas sitzend hätten die Spitzen des Staates dann den Ernst der Lage erörtert. Das alles ist absurd, erschreckend und – wie der Heimatverein aus Ahrweiler betont – einzigartig.

Wirklich einzigartig? Nicht ganz, denn in der Eifel gab es noch mehr solche Einrichtungen. Eine liegt in Kall-Urft, wiederum im Umfeld eines historischen Klosters, nahe bei den Salvatorianern von Steinfeld. Da die Bundesrepublik Deutschland ein föderaler Staat ist, brauchte auch Nordrhein-Westfalen einen »Ausweichsitz« für seine Landesregierung. Mit dem Bau wurde im Jahr 1962 begonnen und wie in Ahrweiler kann auch diese deutlich kleinere unterirdische Welt besichtigt werden. Eigentümer ist heute der Sohn des ehemaligen Bunkerhausmeisters. Was offenbar den meisten Gästen in Erinnerung bleibt, weil es einmal mehr absurd erscheint, ist der Zugang zum Landesbunker: Er führt durch eine handelsübliche Doppelgarage.

Eine weitere hochgeheime Unterwelt hat ebenfalls das Land Nordrhein-Westfalen bauen lassen. Unter einem Schulhof in Mechernich-Satzvey wurde der Rückzugsort für die Landeszentralbank eingerichtet, Baubeginn war 1965. Nicht nur Spitzenpolitiker sollten also geschützt werden, sondern auch das Geld? Ob es im Ernstfall irgendjemand gerettet hätte, dass die Landesbeamten aus ihrem Domizil »den reibungslosen Geld- und Kapitalverkehr in Nordrhein-Westfalen aufrechterhalten« hätten können? Ob man nicht Steuergelder hätte sparen können, wenn für den Präsidenten der Landeszentralbank kein Einzelzimmer bereitgehalten worden wäre? Selbst wenn man das alles sachlich zu beschreiben versucht, wird es am Ende doch wieder zynisch. Aber vielleicht ist genau das ein Privileg der Nachgeborenen: Wer damals zuständig war, spürte wahrscheinlich zentnerschwer die Last der Verantwortung, etwas zu tun, um im »Verteidigungsfall« nicht blank dazustehen.

Dass es die Bunker in der Eifel geben musste, das war gewissermaßen die Schattenseite des »Europafrühlings«. Während es im Westen in den sechziger Jahren eine ganze Menge Neues gab,

Eingang zur Dokumentationsstätte Regierungsbunker

man sich zwischenstaatlich enger zusammenschloss und sogar Grenzen langsam unwichtiger wurden, gehörte die Eifel in der gegenüberliegenden Himmelsrichtung und im Weltmaßstab betrachtet zum Vorland des Eisernen Vorhangs, wäre sie ein Aufmarschgebiet gewesen für den »großen Schlagabtausch«, der alles, nur kein fairer Zweikampf gewesen wäre. Die deutschen Mittelgebirge waren in diesen Jahren immer wieder Austragungsgebiete ausgedehnter NATO-Manöver. Der Schauspieler Otto Sander, der im Film *Das Boot* den Kapitänleutnant Thomsen gespielt hat und im echten Leben Leutnant zur See der Reserve bei der Bundesmarine war, hat in einem Interview behauptet, dass sogar er »wenn es Krieg gibt« von seinen Vorgesetzten in die Eifel beordert worden wäre: »Dann hab ich da hingeschrieben: Warum, gibt's da Schiffe?«

Schaut man sich auf der Landkarte die dichte Reihe der Militärflughäfen in der Eifel an, die in dieser Zeit zu großen Basen ausgebaut worden sind, dann könnte man, selbst heute noch, den Eindruck haben, hier seien damals die Flugzeugträger der NATO vor Anker gegangen. Immer trugen die Flughäfen die bescheidenen Namen der nächstgelegenen Ortschaften. Bei Mendig, wo es im Untergrund zwar Lavakeller gibt, aber keinen großen Bunker, existierte ein Heeresflugplatz. Nur 30 Kilometer weiter nach Südwesten, in Büchel, wurde ebenfalls die Luftwaffe stationiert und ist es bis heute. Dann folgt die Spangdahlem Air Base der US-Armee, ebenfalls noch in

»Gibt's da Schiffe?«

Betrieb, im Frühjahr 2022 wurde eine ganze Staffel der modernsten amerikanischen Kampfflugzeuge dorthin verlegt. Fast in Sichtweite, auf der anderen Seite des Kylltals, befindet sich der Flugplatz Bitburg, der im Kalten Krieg ebenfalls von den Amerikanern genutzt wurde. Im nahegelegenen Niederstedem wurde für ihn ein Tanklager angelegt, das in der Gegend wegen einer schweren Explosion im Jahr 1954 berüchtigt war. In der Eifel war es das zweite derartige Unglück innerhalb weniger Jahre, denn schon 1949 war nahe bei Prüm ein französisches Munitionslager in die Luft gegangen. Seitdem verfügt Prüm über eine makabre Sehenswürdigkeit, ein Loch, das so groß ist, dass man darin die alte Prümer Abtei mit ihrer Kirche versenken könnte.

Weniger offensichtlich war die Existenz eines weiteren Flugplatzes nördlich des unteren Ahrtals, obwohl er von Hunderttausenden Menschen täglich auf andere Weise benutzt wurde und noch wird. Vor dem Anstieg zur Eifel in der Gemeinde Grafschaft verläuft die Autobahn 61, die vom Niederrhein kommt und dann durch die Osteifel geführt wird, auf einer hohen Brücke am Berg Landskrone im Ahrtal vorbei, zwischen dem Laacher See und Mendig hindurch, über die Mosel und weiter nach Baden-Württemberg. Meist ist die Trassenführung leicht geschwungen, so wie Autobahnen in Deutschland eben gebaut worden sind, aber dort am Rand der Eifel, zwischen dem Kreuz Meckenheim und dem Dreieck Bad Neuenahr-Ahrweiler, gibt es einen schnurge-

Notlandeplatz A61

raden Abschnitt. Er hätte im Krisenfall in kürzester Zeit zu einer militärischen Landebahn umgebaut werden können, die vom Eingang des Regierungsbunkers nur wenige Kilometer entfernt war. Die Leitplanken auf dem Mittelstreifen waren nur in den Boden gesteckt.

Der Ausbau eines kleinen Flugplatzes zwischen Dahlem und Schmidtheim zu einer weiteren Militärbasis soll dagegen mit Rücksicht auf ein nahegelegenes Kloster der Trappistinnen verhindert worden sein. Angeblich wollte der sehr katholische Bundeskanzler Konrad Adenauer die stille Gemeinschaft der Schwestern schützen, die ansonsten in 400 Metern Abstand zum Landeplatz der Düsenflugzeuge hätten beten und arbeiten müssen. Maria Frieden lautete der Name der Abtei, die in den ersten Jahren des Kalten Krieges gegründet worden war. Im Sommer 2022 musste sie aufgelöst werden.

Was es in der Eifel dagegen immer noch gibt, das sind Atomwaffen. Wahrscheinlich zumindest, denn offiziell gibt es dazu keine Informationen. Dennoch scheint es eine Art offenes Geheimnis zu sein, dass sich auf dem Fliegerhorst Büchel rund zwanzig amerikanische Bomben befinden. Sogar die Typenbezeichnung ist bekannt: B61, das ist eine kleine, »taktische« Atomwaffe, deren Sprengkraft aber immer noch jene der Bomben, die 1945 über Japan gezündet worden sind, um ein Vielfaches übertrifft. In die Umgebung eines Plateaus oberhalb des Moseltals eingebettet, fällt die Militärbasis von Büchel gar nicht so sehr auf, dabei ist sie so groß, dass nicht nur ein Kloster, sondern alle Häuser in der Verbandsgemeinde Ulmen, zu der das Dorf Büchel gehört, auf seiner Fläche Platz fänden. In den meisten Richtungen ist der Fliegerhorst von Wäldchen umgeben und die Bunker, in denen wahrscheinlich diese Waffen lagern, sind sowieso unsichtbar.

Nach 1989, als das Ende des Kalten Krieges ausgerufen wurde, konnte es fast überall im vereinten Deutschland nicht schnell genug gehen mit dem Unsichtbarmachen. Berlin hat seine Wunden so gründlich geheilt, dass im Nachhinein wieder mehr oder weniger künstliche Gedenkstätten geschaffen werden müssen, um an die Zeit der deutschen Teilung und damit auch des Kalten Krieges zu erinnern. An der Bernauer Straße ist das gut gelungen, aber die Schauspieler, die an der Friedrichstraße seit Jahren für Touristen den Checkpoint Charlie nachspielen müssen, haben gar keine Chance, der Vergangenheit gerecht zu werden. In der Eifel konnte man das alles nicht so schnell loswerden. Man geht dort heute vielleicht einfach nur in der Nähe von Blankenheim über die Felder und sieht plötzlich einen viereckigen Wachturm, der fatal an die frühere innerdeutsche Grenze erinnert. Die Assoziation ist nicht falsch, denn hier in der Ahreifel war zwar kein Eiserner Vorhang, aber hier wäre ein mögliches Schlachtfeld gewesen: Das verlassene Gelände bei dem Dorf Mühlheim ist eine ehemalige Flugabwehrstellung, auf der Nike-Raketen stationiert waren, die auch atomare Sprengköpfe tragen konnten.

Es war allerdings nicht in der Eifel, sondern dann doch in Berlin, wo im Jahr 2008 ein Mann aus Chicago eine Rede hielt. Mehrere Hunderttausend Menschen waren zur Siegessäule gekommen, um ihn zu hören. Ich saß vor einem kleinen Röhrenfernseher und erlebte einen Moment, den ich nicht mehr vergessen sollte: Hier sprach jemand, der sich für eines der einflussreichsten Ämter der Welt bewarb und der tatsächlich glaubhaft machen konnte, dass er die Kühnheit besaß, sich für eine bessere Welt einzusetzen. »Dies ist der Moment«, sagte Barack Obama in Berlin, »in dem wir das Ziel einer Welt ohne Atomwaffen mit neuem Leben erfüllen müssen.«

Man könnte glauben, dass dieser Moment vorbei ist, seit Russland im Februar 2022 seine Invasion der Ukraine begonnen hat und der russische Präsident allen, die sich einmischen, mit noch nie dagewesenen Konsequenzen droht. Es ist absehbar, dass die Bomben in Büchel bleiben werden. Manche meinen sogar, dass nun für Deutschland der Zeitpunkt gekommen sei, sich selbst mit Atomsprengköpfen zu bewaffnen. Die Vision, die Barack Obama eineinhalb Jahrzehnte zuvor unter großem Beifall entwickelte, gilt nun wieder als eine naive Träumerei.

Aber Abrüstung ist nicht so naiv, wie an eine für alle Zeiten stabile gegenseitige Abschreckung zu glauben, so sagt es Beatrice Fihn, die Generalsekretärin von ICAN, der Internationalen Kampagne zur Abschaffung von Atomwaffen. Die schwedische Juristin schafft es, in Anbetracht der überwältigenden Bedrohung, nicht zynisch zu werden, sondern ihr ins Auge zu sehen und nach realistischen Auswegen aus der Risikozone zu suchen, die wir seit 1945 nie mehr richtig verlassen haben. ICAN war eine treibende Kraft hinter dem Atomwaffenverbotsvertrag, dem 2017 in der Generalversammlung der Vereinten Nationen 122 Staaten zugestimmt haben. Deutschland war nicht darunter und hat sich auch gar nicht an den Verhandlungen beteiligt. Der Erhalt eines atomaren Schutzschirmes für das eigene

Flugzeughangars auf dem Flugplatz Bitburg, 1988

Land ist bis auf weiteres wichtiger als das ferne Ziel, dass niemand mehr von solchen Waffen bedroht wird. Wir leben eben nicht in der besten aller möglichen Welten, sagen dann nüchtern die Realpolitiker.

Aber kann das wirklich alles sein, der Weisheit letzter Schluss? Wenn man in der Eifel einen Blick in den Spiegel des Kalten Krieges wirft und sieht, wie dieser vergangene Konflikt sich in die Landschaft eingegraben hat, dann wird man sich vielleicht fragen, ob man Gegenwart und Zukunft so gegeneinander ausspielen sollte. Dieses zwischen Ahrweiler und Bitburg gelegene Erbe stellt – so wie Barack Obama und Beatrice Fihn – die Forderung in den Raum, sich nicht abzufinden mit der Welt, so wie sie ist.

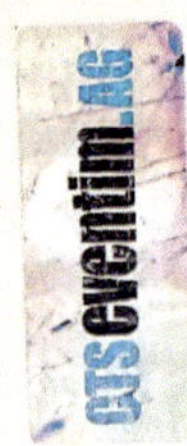

Nurburgring
Otto-Flimm-Straße
53520 Nürburg / Eifel

MTV und WDR Rockpalast present:

*** ROCK AM RING ***

inkl. Park- Camping-und VVK-Gebühren

Stehplatz

EUR 102,00

Inclusive Gebühren		
Systemgebühr	EUR	2,50
VVK-Geb.	EUR	7,00
Park/Campen	EUR	22,50

Es besteht kein Anspruch auf Überlassung eises bestimmten Park-und/oder Campingplatzes. 3-Tage-Festivalticket

Freitag
06.Jun.03
15.00 Uhr

6006
050603 1442
000006000 19476461

Nürburgring

Ausnahmezustände

Ich war von Anfang an überzeugt, wenn wir unseren Job gut machen und mit ganzem Herzen, den Boden bereiten und den richtigen Ton treffen, dann werden die Leute ihr höheres Selbst zeigen und etwas Wunderbares hervorbringen.
(Michael Lang, Mitinitiator des Woodstock-Festivals)

Wenn man den Werbeslogans glaubt, wenn die Eifel nur das stille, in sich selbst ruhende »Gesundland« wäre, dann dürfte es diesen Ort eigentlich nicht geben. Zwischen Adenau im Norden und Müllenbach im Süden geht es schon seit gut 100 Jahren meistens um das Gegenteil von Entschleunigung und es gibt immer einen Grund, um laut zu sein: Dort liegt das Gelände des Nürburgrings. Die Ruine der Nürburg und der gleichnamige Ort an deren Fuß, von denen der Name stammt, sind heute von der Rennstrecke umschlossen.

In der Welt des Motorsports gilt der Nürburgring als legendär. Er war ein Projekt der Zeit nach dem Ersten Weltkrieg, als für Autos auch in Europa mehr und mehr Platz gemacht wurde und Deutschland begann, sich als »Autoland« zu begreifen. Dass die neue Rennstrecke in die Eifel kam, war als Förderung für eine Region gedacht, die in den zwanziger Jahren weiterhin als arm und zurückgeblieben angesehen wurde. Der Staat betrachtete die Bauarbeiten als Arbeitsbeschaffungsmaßnahme in einem Notstandsgebiet und unterstützte sie mit einem großen Zuschuss. 1927 wurde der Kurs eröffnet – ausgerechnet in einer Gegend, die verkehrstechnisch immer noch schlecht erschlossen war. Es hatte sich dort seit den Zeiten von Gottfried Kinkel so viel nicht verändert.

Die kurze, stadionartige Grand-Prix-Strecke, die vom professionellen Motorsport heute überwiegend genutzt wird, gibt es erst seit 1984. Seinen Ruf verdankt der Nürburgring der zuerst angelegten, über 20 Kilometer langen Nordschleife. Sie führt durch den Wald der Hocheifel, überwindet einen Höhenunterschied von rund 300 Metern, die engen Kurven haben klingende Namen wie Fuchsröhre, Wippermann, Schwalbenschwanz und im Ganzen galt die Nordschleife schon immer als so schwierig und gefährlich, dass man sie auch »Grüne Hölle« nennt. Der österreichische Formel-1-Pilot Niki Lauda überlebte 1976 einen Unfall im Streckenabschnitt Bergwerk nur mit schweren Verbrennungen, erholte sich aber schnell und wurde noch zweimal Weltmeister. Andere Grenzgänger, darunter auch viele Normalos auf »Touristenfahrt« im eigenen Auto, für die auf dem Ring immerhin die Straßenverkehrsordnung gilt, hatten weniger Glück.

Das andere Event, das den Nürburgring weltweit berühmt gemacht hat, ist auch laut, aber zum Glück weniger gefährlich. Nicht um Moto-

Motorsport auf der Nordschleife

ren geht es dabei, sondern um Musik: Rock am Ring, das Festival, das in seiner Welt ebenfalls legendär ist, gibt es seit 1985. Was daraus werden sollte, war nicht von Anfang an absehbar. Es war zunächst als einmalige Sache geplant, aber es durfte dann wachsen und sich vor allem musikalisch weiterentwickeln. Marek Lieberberg, der Rock am Ring mit seiner Agentur aufgebaut hat, ist Jahrgang 1946. Von seinem Alter her könnte er also beinahe Mitglied der Rolling Stones sein und tatsächlich hat Lieberberg in den sechziger Jahren in einer Beat-Band gespielt. Berührungsängste mit neuen Genres hatte er aber nie – vielleicht weniger als manche seiner Festivalbesucher – und er brachte mit der Zeit Heavy Metal, Hip Hop, Electro und alle möglichen alternativen Formen von Rock und Pop auf den Nürburgring. Lieberberg verdiente viel Geld mit Konzerten, aber er schien immer auch selbst ein Fan zu sein, der neugierig geblieben war auf Musik.

Der Gründer von Rock am Ring: Marek Lieberberg, 2019

Dank Marek Lieberberg ging auch mein Blick zu Anfang des neuen Jahrtausends in Richtung Eifel. Als damals mehr und mehr von Rock am Ring, das immer an Pfingsten stattfindet, im Fernsehen lief, MTV und WDR Rockpalast, manche Highlights auch direkt live, schaltete auch ich ein. Im Jahr 2001 sah und hörte ich Radiohead, die damals in kurzem Abstand *Kid A* und *Amnesiac* veröffentlicht hatten, wahrscheinlich zwei der kompromisslosesten Alben, die es jemals an die Spitze der Verkaufscharts schafften. Ehrlich gesagt hatte auch ich erst große Schwierigkeiten mit den vertrackten Songs. Es begann mit *The National Anthem*: Im Bass ein Motiv, das ständig zwischen Dur und Moll hin- und herkippt, darauf gestapelt sirenenartige Gitarren, elektronische Klangflächen und Geräuschfetzen aus dem Radio. Auf der in einem düsteren Rot ausgeleuchteten Bühne in Sichtweite der mittelalterlichen Nürburg-Ruine, rief Thom Yorke, der Sänger von Radiohead, dann mehrfach unvermittelt »Hallo Mutti!« ins Mikrofon. Wahrscheinlich sollte das ein ironischer Verweis auf die Live-Übertragung im deutschen Fernsehen sein. Während sich heute scheinbar jeder selbst im Netz streamt, war es vor zwanzig Jahren noch etwas geradezu Überirdisches, wenn man es auf den Bildschirm schaffte. Auch ansonsten ließ die erratische Bühnenpräsenz von Radiohead alle Klischees der Rockmusik hinter sich, an denen ich damals noch hing. Trotzdem faszinierte mich diese Show.

Ein Jahr später brachte mir das Fernsehen Neil Young nach Hause. Mehr Old-School-Rockmusik ging eigentlich nicht, die Band sah aus, als könnte sie auch in einem muffigen engen Keller auftreten und wirkte eigentlich verloren auf der riesigen Center Stage am Fahrerlager des Nürburgrings. Trotzdem fühlte ich mich völlig überfahren, von Neil Youngs ekstatischem Gitarrenspiel, von ausufernden und für mich rätselhaften Songs wie *Cortez the Killer* und von der Tatsache, dass das Konzert, das erst spät begonnen hatte, einfach nicht enden wollte. Es schien diesem schon ziemlich alt aussehenden Mann mit Hut beinahe egal zu sein, ob noch jemand zuhörte, er war in einem Flow und irgendwie zog er auch mich vor dem Fernseher mit. Erst viel später las ich Navid Kermanis *Buch der von Neil Young Getöteten*, das zufällig auch im Jahr 2002 erschienen ist, und begann zu ahnen, was das Besondere an diesem Auftritt war. Kermani ist Neil Young so verfallen wie sonst nur noch dem 1. FC Köln und vergleicht dessen Auftritte, die mit »Rockmusik im herkömmlichen Sinne« wenig zu tun hätten, mit der Musik der persischen Mystiker: »Ähnlich wie in dieser ist es die minimal abgewandelte Wiederholung des Immergleichen, welche die Musiker und ihre Hörer in eine andere Sphäre trägt.«

Das alles blieb bei mir nicht ohne Wirkung: Ich wollte jetzt auch in die Eifel. Im Juni 2003 war ich dann selbst am Nürburgring. Ich erlebte Placebo als *late night special*, die so kurzfristig eingesprungen waren, dass ich noch nichts davon gewusst hatte, als ich Richtung Eifel aufgebrochen war. Am Anfang kam *Bulletproof Cupid*, ein reinigendes Gewitter ohne jeden Gesang. Ganz anders der ruhige 6/8-Takt von *Protect Me from What I Want* und dann *The Bitter End*, das damals dank MTV sicher nicht nur ich ohnehin die ganze Zeit im Ohr hatte. Auf der Videowand sah ich Placebo-Sänger Brian Molko mit seinem blauen Lidschatten, wie er in der Pause zwischen zwei Songs Rauchringe in die Luft pustete, und war niemals so nah dran, mir eine Kippe anzünden zu wollen, wie in diesem Moment.

Am Nachmittag eines ziemlich trüben Pfingstsonntags ließ ich mich ziemlich weit vorne vor der Bühne durchrütteln von den Queens of the Stone Age. Stoner Rock – so hat man den Stil der Band aus Kalifornien umschrieben, Rockmusik für Bekiffte. Ich habe das nie verstanden. Ob irgendjemand Drogen konsumiert oder nicht, diese extrem direkte, aber doch offensichtlich sehr durchdachte Musik mit ihrem treibenden Rhythmus und den überraschenden Brüchen hatte für mich so gar nichts Vernebeltes. Im Gegenteil, mir schien, dass man hier auch als Zuhörer völlig wach und gegenwärtig sein musste, um nicht abgeworfen zu werden wie der Reiter von einem Rodeopferd. Dann begann es zu regnen, und viele im Publikum zerrten frustriert bunte Regenjacken aus ihren Rucksäcken. Aber Josh Homme, der Sänger und Kopf der Queens, sagte nur: »A little fuckin' rain never hurt no one«, und es ging weiter. Nach nur einer knappen Stunde und dem abschließenden Song *No One Knows*, für die eher schräge Band zuvor ein unerwarteter Radiohit, war Schluss. Aber was will man noch mehr verlangen?

Und dann, am Abend: Metallica, die Könige des Heavy Metal. Weltweit hat die Band viele Fans, *Enter Sandman* und *Nothing Else Matters* sind Songs, die ebenfalls von Radiosendern ins Programm genommen worden waren. Das hat allerdings dazu geführt, dass manche meinen, Metallica habe den Metal verraten und verkauft. Dennoch begegnete man damals, wenn man Metallica live hören konnte, einer Demonstration dessen, was dieses Genre ausmacht: Die schweren, aber dennoch manchmal atemberaubend schnellen Riffs von James Hetfield, darüber eine zweite Schicht Gitarrensound von Kirk Hammet, die sich stellenweise als Solo von ihrem Unter-

Abendstimmung bei Rock am Ring

bau löste, und das Schlagzeug von Lars Ullrich, scheppernd, an den dichtesten Stellen wie ein Gewehrfeuer. Das hört sich alles ziemlich wüst an, aber in meiner Erinnerung an dieses Konzert ist der Sound kristallklar, laut, aber nie schrill und beißend, sondern maximal druckvoll und unüberwindbar. Eingehüllt in diese massiven Klangwände, an der man sich vertrauensvoll anlehnen konnte, ließ sich gut verdrängen, dass die Luft in der Hocheifel inzwischen eisig geworden war. Zwei Tage danach war ich erkältet.

Diese Erkältung, so denke ich mir heute, zeigt vielleicht auch etwas an: Zu einem Festival wie Rock am Ring gehört mehr als nur die Musik. Klar, sagen da manche grinsend, es geht auch ums Saufen auf dem Zeltplatz. Aber das meine ich nicht, also nochmal: Nur die Musik selbst gibt es gar nicht, erst in einem Zusammenhang wird sie zu einem Ereignis. Das merkt man gerade da, wo Musik an einem offensichtlich besonderen Ort stattfindet, eben so wie hier: auf dem unüberschaubaren Gelände einer Rennstrecke, eingebettet in eine Gebirgslandschaft. Zu so einem Festival zu kommen, das ist, als ob man eine Reise antritt, an Bord eines Schiffes geht. Man ist noch immer ein Teil der Welt, aber befindet sich in einem Ausnahmezustand, der außerhalb des Alltags steht und wo andere Regeln gelten. Erst hier bekommt die Musik, die man ja auch auf viel unkompliziertere Weise hören könnte, einen neuen Zug. Ich bin überzeugt, dass sie bei einem solchen Festival im besten Fall etwas anderes bedeutet, etwas anderes freisetzen kann, als in einer Umgebung, die dem Alltag näher steht.

Wenn man dabei sein will, dann muss man akzeptieren, dass es einen etwas kostet. Ich meine nicht das Geld, wobei das Ticket für Rock am Ring 2003 sowieso noch relativ günstig war. Erstmal muss man hinkommen. Ich hatte noch keinen Führerschein und wusste schon damals, dass es geradezu lächerlich wäre, ausgerechnet an diesen Ort, wo sich abseits von Rock am Ring alles um Autos und Motoren dreht, mit Bussen oder Bahnen anreisen zu wollen. Dann das Zelt aufbauen, keine große Sache, dachten wir. Aber, kaum zu glauben, es war einfach kein Platz mehr. Wir liefen durch eine endlose Zeltstadt, alles dicht an dicht, und fanden nur im hintersten Winkel noch eine Stelle für uns, vor einem Wäldchen – dem Freiluft-Klo des ganzen umliegenden Campings-Areals, wie wir erst später mitbekamen. Ausdauer verlangt einem aber auch das Festival-Programm ab. Zwölf Stunden zwischen Tausenden Menschen vor der Bühne stehen, rumspringen und rumgeschoben werden, das ist anstrengend, für alle, man kann so jung sein, wie man will.

Wenn man es schafft, sich auf das alles einzulassen, dann kann man sich treiben lassen. Die Sets der Bands, die eigentlich ganz unabhängig voneinander sind, laufen im Erleben zu einer Einheit zusammen. Am Mittag sind noch alle müde, jetzt auf der Hauptbühne zu spielen kann für die Bands ein undankbarer Job sein und ich konnte mich damals darüber aufregen, dass die meisten Leute anscheinend lieber im Zelt pennen und ihr Dosenbier trinken wollten, als hier dabei zu sein. Aber mit jeder Stunde, das ist immer so, steigt die Spannung. Rockfestivals haben eine feine Dramaturgie, je später der Tag, desto bekannter sind die Bands, und alles läuft zu auf die Headliner, die wie Placebo und Metallica ganz am Schluss spielen dürfen. Aber auch das vorletzte Zeitfenster ist nicht schlecht, denn es fällt in die Abenddämmerung. Der weite Himmel über dem Nürburgring verfärbt sich rot und übertrifft für eine Weile sogar die aufwendigen Lightshows auf der Hauptbühne. Schaut man für einen Moment links an der Bühne vorbei, sieht man die Nürburg und blickt, die Livemusik im Ohr, in eine von hier aus nahezu grenzenlos erscheinende Landschaft. Wenn alles vorbei ist, stolpert man über die unbeleuchteten Campingplätze und versucht, sein Zelt zu finden. Nach dem Abend mit Metallica blieben auch wir am kommenden Morgen lange liegen – und wachten auf einem Schlachtfeld auf. Um uns herum hatten die meisten längst ihre Zelte abgebrochen und alles, was sie nicht mehr brauchten, zurückgelassen.

Wenn man ein Festival wie Rock am Ring besucht, dann ist die Musik dort der Soundtrack für eine andere Lebensform, die man für zumindest drei Tage praktiziert. Es ist klar, dass den Menschen, die sich auf so eine Reise begeben, dann im Gegenzug auch die Musik zu etwas Anderem wird, etwas Größerem, vielleicht sogar: etwas Höherem. Bereits 1969 bei Woodstock, der »Mutter aller Festivals«, gab es diese Idee. Die »Woodstock Music & Art Fair« war nicht nur als ein Schaulaufen von Popstars gedacht. Michael Lang, der Woodstock initiiert hat, stellte sich das Festival als eine Art Testlauf für ein neuartiges kollektives Zusammenwirken vor, für die neue Gesellschaft, die seine Generation gerade zu bauen geglaubt hatte. Im Song *Woodstock* von Joni Mitchell heißt es: »Wir sind Sternenstaub, wird sind aus Gold, und wir müssen uns aufmachen zurück in den Garten« – womit sie nur das Paradies gemeint haben kann. Deshalb wurde der indische Yogi Satchidananda nach Woodstock eingeladen, um eine Eröffnungsrede zu halten für das Ereignis, das nicht mehr und nicht weniger sein sollte als

»3 Days of Peace & Music«. Ob das gelungen ist oder ob Woodstock doch nur ein Kommerzspektakel war (und noch dazu wegen der für die Besuchermassen völlig unzureichenden Infrastruktur eigentlich eine Katastrophe mit Ansage), das erst auf dem Umweg über einen erfolgreichen Dokumentarfilm im Nachhinein überhöht wurde, darüber gehen die Meinungen bis heute auseinander.

Natürlich ist Rock am Ring genau so eine große kommerzielle Sause, die weit weg zu sein scheint von hehren Hippie-Visionen. Trotzdem ist es gar nicht möglich, Musik hier einfach nur zu konsumieren, so wie wenn man vor einem Bildschirm abhängt. Wer zum Nürburgring kommt, wird – auch ohne sich dessen ganz bewusst zu sein – ein Teil dieses Ereignisses, das auch nicht einfach nur abläuft, sondern sich nur in und durch die Gemeinschaft aller Anwesenden vollziehen kann. Für uns, meine ich, war damals durchaus klar und wir waren stolz darauf, dass das Fernsehen nicht einfach nur das Konzert von Metallica abfilmte: Nein, es zeigte *das Festival*, etwas, an dem auch wir mitwirkten, weil wir klatschten und jubelten, weil wir uns in der Menge bewegten, weil wir einfach nur da waren am Nürburgring in der Eifel.

Die gleichen Bands an irgendeinem Abend in einer beliebigen Arena zu hören, die vielleicht nach einem Versicherungskonzern oder einer schlechten Biermarke benannt ist, kann nicht dasselbe sein. Ich habe es ausprobiert, für das Arenakonzert ist das Experiment nicht gut ausgegangen – und das nicht nur, weil man anschließend gegen halb zwölf eine Stunde lang braucht, um wieder aus dem Stau im Parkhaus rauszukommen. Das Festival von 2003 dagegen hallt bei mir bis heute nach. Höre ich jetzt Placebo, die Queens of the Stone Age oder Metallica (die es ja alle noch gibt, ist also keine reine Nostalgie), dann höre ich ein wenig auch immer noch Rock am Ring mit. Meine Erinnerung versetzt mich dann automatisch unter den Himmel der Hocheifel.

Im Herbst 2021 kam auch an den Nürburgring, wo ansonsten Lärm aller Art zelebriert wird, ausnahmsweise für einen Moment die Stille: Das Land Rheinland-Pfalz veranstaltete dort einen Staatsakt für die Opfer der Flutkatastrophe im Sommer, ihrer alle 133 Namen wurden dort verlesen. Wahrscheinlich hat man diesen Ort ausgewählt, weil er verfügbar war, weil man dort in einer großen Halle pandemiekonform die geplante Zahl von Trauergästen unterbringen konnte. Aber wo in der Eifel könnte eine Schweigeminute mehr aussagen als gerade hier?

Bruder Klaus, die letzten Meter

Aufs Ganze gehen

Ich glaube nicht, dass Kunst neben der Natur bestehen kann.
Stell das beste Objekt, das Du kennst, neben
den Grand Canyon, die Niagara-Fälle, die Redwoods.
Das große Ding gewinnt immer.
(Walter de Maria)

Ein Nachmittag im Juni. Irgendwo in der Nähe von Daun, ein Weg über die Höhen. Eine Stunde zuvor hatte es ein kräftiges Gewitter gegeben, es kam so viel Wasser herunter, dass Hobbymeteorologen mit Gewissheit sagen: Das hat sich ausgeregnet. Jetzt schien die Sonne, und gleich so stechend, dass man sich schnell erschlagen fühlte. Etwas voraus waren allerdings dunkle Wolken zu sehen, sehr dunkle. Konnte das sein, schon wieder? Prüfender Blick senkrecht nach oben, da war der Himmel noch blau, alles in Ordnung. Wenige Augenblick später allerdings frischte schon der Wind auf und brachte feuchte Luft mit sich. Schon war die Regenfront da, so schnell, dass kein Ort zum Unterstellen mehr in Sicht kam, es lohnte sich nicht einmal mehr, die Regenjacke aus dem Rucksack zu holen. Immerhin war es kein Gewitter mehr. Die Gedanken schwankten hin und her: Ärgerlich und frustriert sein, oder hoffen, dass es schnell vorbei geht? Oder es vielleicht sogar irgendwie genießen? Mitten im peitschenden Regen war zu sehen, dass schon auf den nächsten Hügeln, ein oder zwei Kilometer entfernt, die Sonne schien, immer noch, weiterhin oder schon wieder? Einige Windräder glänzten im hellsten Weiß, das fiel besonders auf, weil hier gerade alles so düster wirkte. Lange konnte dieser kräftige Schauer doch dann nicht dauern? Diesmal war die laienhafte Prognose ganz richtig. Der Regen brach ab, wieder ganz plötzlich, so als sei er abgestellt worden. Als sei überhaupt gar nichts passiert.

Nachdem es vorbei war, dachte ich: Was für ein Schauspiel. Das kann so niemand herstellen, das hat keine Event-Agentur im Programm. Wie sich das Spektakel drohend ankündigt, der Ablauf aber doch unberechenbar bleibt. Wie die Regenfront einen packt, alles einhüllt und man sich ganz klein fühlt gegenüber dem Wetterphänomen, so wie der »Mönch am Meer« auf dem Gemälde von Caspar David Friedrich, ein kleiner Mensch im Bann einer – wie Gottfried Kinkel gesagt hätte – »übermächtigen zornigen Naturbildung«. Der kurze, kräftige Schauer, wie ich ihn beschrieben habe, ist aber andererseits doch noch so überschaubar, dass er einem fast wie eine handelnde Person gegenübertritt und wieder verschwindet. Zumindest vier Sinne sind beteiligt an der Wahrnehmung des Ereignisses: Ich beobachte die schnell wechselnden Lichtstimmungen, höre auf das Fauchen des Windes, spüre den Regen auf der Haut und bemerke danach den sonderbaren Sommerregengeruch.

Im Prinzip könnte es kaum etwas Gewöhnlicheres geben als einen Regenschauer. Im Alltag wird er nur eine Störung sein, vielleicht bemerken wir ihn auch gar nicht, wenn wir drinnen sind und der Blick fixiert ist auf einen der vielen Bildschirme, die uns umgeben. Zum Ereignis wird er erst mit einer Basis, auf der er sich abspielen kann. Das könnte natürlich irgendwo sein, aber hier war es also die Eifellandschaft bei Daun. Auch umgekehrt kann ich mir, mag ich mir diese Landschaft nicht ohne das wechselnde Wetter vorstellen. Sie müsste flach und eintönig sein. So aber erscheint sie dynamisch und man merkt: Die Landschaft ist gar kein Gegenstand, sie ist ein Geschehen, ein Prozess. Und mittendrin wir.

Ein anderer Tag, diesmal in der Gegend um Mechernich. Mit einer Gruppe ging ich in Richtung Wachendorf. Ich hatte vorgeschlagen, dort die Bruder-Klaus-Kapelle anzusehen. Das kleine, aber viel bewunderte Bauwerk von Peter Zumthor war damals noch fast neu. Gestiftet hat die Kapelle ein Landwirt aus dem Ort, der dankbar war für ein erfülltes Leben, das von Zumthor entworfene Museum Kolumba in Köln besucht hatte und dem Schweizer Architekten daraufhin einen Brief schrieb. Zumthor, heißt es, war so angetan von dem Vorhaben, dass er kein großes Honorar nahm und selbst bei der Ausführung mithalf. Nur einfachste Mittel wurden verwendet, ein Kegel aus Fichtenstämmen war die Rohform, um den herum eine Wand aus Stampfbeton errichtet wurde, einem Gemisch aus Sand, Kies, Zement und Wasser, das in Handarbeit so lange gestampft und verdichtet wurde, bis es aushärtete.

Wir kamen vom Bahnhof in Satzvey, wo das Stellwerk noch manuell bedient werden musste und wo nur einmal pro Stunde ein Zug hielt. Am Ortsausgang mussten wir unter der Autobahn durchlaufen, dann ging es bergauf und sofort weitete sich die Aussicht, zumindest über ein paar Felder und bis zu den nächsten bewaldeten Hügeln. Damals kannte ich noch nicht so viel von der Eifel und empfand schon diese relativ uncharakteristische Umgebung – ziemlich viel Tongrube und Golfplatz eigentlich – als ungewohnt, sonderbar anziehend. Der Weg führte uns nach Lessenich, bis zur Kirche in der Dorfmitte und dort abzweigend nach links, ein gelbes Straßenschild wies den Weg nach Wachendorf. Zuerst ging es aber noch für eine kurze Strecke auf der Straße durch den Wald. Die Bäume formten ein Dach und standen bis dicht an den Asphalt heran. Wir hatten Glück, es war so wenig Verkehr, dass wir hier gehen konnten. Reiseführer vom Anfang des 20. Jahrhunderts empfohlen Wanderern noch die Landstraßen als bevorzugte Routen, aber an unübersichtlichen Stellen wie hier kann das heute unter Umständen gefährlich werden.

Hinter dem Wald öffnete sich zuerst links der Blick, zum ersten Mal seitdem wir am Bahnhof losgegangen waren wirklich eine Aussicht in die Weite der Nordeifel, mit der Kirche im nächsten Ort Antweiler als Fixpunkt, den ich zufällig schon kannte. Dann auch auf der rechten Seite freie Sicht und durch Alleebäume hindurch war, im Gegenlicht, die Bruder-Klaus-Kapelle zu erkennen. Der fünfeckige Bau schien wie ein Keil in den Boden gerammt worden zu sein, eigentlich ein Fremdkörper, aber mit den sandfarbenen Stampfbetonwänden gliederte er sich doch in die Umgebung ein. Natürlich führte von der Straße aus kein kürzestmöglicher Weg über die leicht ansteigenden Felder zur Kapelle, vielmehr musste man im rechtwinkeligen Netz der Wirtschaftswege die richtigen Abzweige finden. Schließlich kamen wir auf ein asphaltiertes Sträßchen, das in einigem Abstand an der Kapelle vorbeilief, die

Nach dem Gewitter, in der Nähe von Daun

letzten Meter bis zum Zielort ging es über einen Pfad. Erst hier stand einem das Bauwerk unmittelbar vor Augen. Die letzten Schritte zu auf das kleine dreieckige Portal, ich griff nach dem Türknauf, erwartete schon das metallische Geräusch beim Öffnen, das mir in einem Radiofeature über die Kapelle aufgefallen war, und – verschlossen. Die Tür war zu.

Man hätte das bestimmt wissen können, im Internet standen wohl irgendwo Öffnungszeiten, aber ich war überhaupt nicht auf die Idee gekommen, dass die sorgfältig geplante Tour ausgerechnet hier scheitern könnte. Ich merkte schon die Blicke der anderen, na toll, das hat sich ja alles voll gelohnt. In meiner Not erklärte ich, von dem Innenraum gäbe es unzählige Fotos, allein deswegen seien wir doch nicht gekommen, das könne doch nicht sein, dass die ganze Tour wertlos sei, nur weil wir da jetzt nicht reinkämen. Natürlich war auch ich frustriert, wollte mir das aber nicht anmerken lassen, und es gelang mir, erst mich selbst und dann, so hoffe ich, auch die anderen zu überzeugen. Der Weg sei doch das eigentliche Ziel gewesen, erklärte ich, was natürlich ein Klischee ist, und aus einer Eingebung heraus machte ich noch eine ausholende Geste in die Landschaft der Nordeifel und sagte: Geht es nicht um das alles?

Wenn man unseren ganzen Weg mit dem Zug, aus Satzvey heraus und bis zur Kapelle als wesentlich ansah, als eine Erfahrung, in der die Bruder-Klaus-Kapelle dann nur noch der Fixpunkt war, dann ergab tatsächlich alles wieder Sinn. Später fiel mir auf, dass wirklich die meisten der vielen Berichte über die Kapelle ausführlich auf die Umgebung eingingen: Ein kahler Acker, der Wind pfeift darüber und als Teil von allem dieses Bauwerk. Die Landschaft scheint zu ihm zu gehören und umgekehrt wird sie von ihm erst akzentuiert, während ein paar Kilometer entfernt durch Tongruben, Golfplätze und Autobahnböschungen der Eindruck der Umgebung eher diffus geworden ist.

Aber damit eine Umgebung so akzentuiert wird, braucht es nicht einmal so eine außergewöhnliche Landmarke wie die Kapelle von Peter Zumthor bei Wachendorf. Der in Schottland lebende Künstler Andy Goldsworthy schafft etwas Ähnliches mit noch viel geringerem materiellen Aufwand. Er geht durchs Gelände und sammelt natürliche Materialien, um sie in neuen Formen zu arrangieren: einem Farbverlauf aus Kieselsteinen, in dessen Mitte sich ein merkwürdig bodenlos erscheinendes Loch befindet, einem Teppich aus gelben Blättern, der nur mit Dornen zusammengehalten wird, aufgehängt in einem Baum, Weidenruten, die verflochten aus einem See ragen und sich dem Auge durch die Reflektion auf dem Wasser als kreisförmiges Ornament darbieten. Hochästhetisch, fast zu schön erscheinen diese Objekte, zumindest im Moment der Fertigstellung, den Goldsworthy auf Fotos festhält. Genauso wichtig wie diese momentane Perfektion ist ihm aber der Verfall, was passiert, wenn seine minimalen Eingriffe in die Umgebung sich wieder auflösen, durch Wind, Regen, die Gezeiten oder einfach nur die Schwerkraft, weshalb er wiederkommt, um auch diese Prozesse zu dokumentieren. Goldsworthy hat also nicht nur Skulpturen hergestellt, er hat Merkmale von Landschaften zusammengeführt und verdichtet, hat etwas erkennen lassen, das schon da war, aber nicht gesehen werden konnte, hat keine Kunstwerke für die Ewigkeit produziert, sondern sich und seine Arbeiten schließlich jenen Kräften ausgeliefert, die er zu thematisieren versucht.

Ich stelle mir vor, was Goldsworthy wohl im schluchtartigen Tal der Endert nahe bei Cochem hervorgebracht hätte, oder in der weiten Senke der Dollendorfer Kalkmulde mit ihrer großen Pflanzenvielfalt. Seine vergänglichen Kunstwerke haben etwas so Spielerisches, dass man an Kinder denken könnte, die am Waldrand erproben, was sie mit der Welt um sie herum tun können, wenn man sie einfach machen lässt. So könnte man – egal, welches Alter man hat – auch auf die Idee kommen, sich selbst draußen an etwas wenigstens im Ansatz Vergleichbarem zu versuchen: Etwas Vorgefundenes, Äste oder Steine, vorübergehend in eine neue Ordnung bringen, einen kleinen Eingriff vornehmen, jedoch unbedingt so, dass er von den überall wirkenden Kräften des Verfalls und der Erosion bald wieder unkenntlich gemacht wird. Zum Beispiel wäre es möglich, nur als ganz bescheidener Versuch, einen auffälligen, spitz zulaufenden Stein zu einem Schneefeld zu tragen und ihn dort senkrecht aufzurichten. Irgendetwas wird bei solchen Experimenten auf jeden Fall herauskommen, und sei es nur das gute Gefühl, irgendwie aktiv geworden zu sein, statt wieder einmal nur die sogenannte Natur betrachtet zu haben. Man merkt dann aber auch, wie virtuos Andy Goldsworthy ist. Er scheint alles über die Beschaffenheit seiner Materialien zu wissen und und nur deshalb sieht bei ihm alles so leicht aus, legen bunte Herbst-

Straße nach Wachendorf

blätter sich wie eine Haut um einen Stein und dünne Eisplatten von einer Seeoberfläche fügen sich zu filigranen Skulpturen zusammen, zumindest für eine Weile.

Aber um solche Spiele in Gang zu bringen braucht es nicht die Kunstfertigkeit von Andy Goldsworthy. Es genügt schon, eine Linie zu ziehen. Jemand, für den Linien eine große Bedeutung haben, ist Reinhold Messner, der Extrembergsteiger aus Südtirol, der als Erster alle über 8000 Meter hohen Gipfel der Welt bestiegen hat, jeweils ohne Zuhilfenahme von Flaschensauerstoff. Seine Expeditionen hatten mich nie besonders interessiert, sie erschienen mir übertrieben und selbstbezogen, bis ich Messner in einem Film sagen hörte, ihm gehe es nicht um sportliche Höchstleistungen. Was er tue, sei eher Kunst als Sport, denn er versuche, Ideen zu verwirklichen. Wenn Ideen in Kontakt treten mit der Erdoberfläche, dann formen sie eine Route, also nichts anderes als eine Linie. Die Legenden des Bergsteigens, sagt Reinhold Messner, das seien diejenigen Menschen, die eine neue Linie begangen haben, wo zuvor niemand einen Weg gesehen hatte.

Ich bin nicht sicher, ob Reinhold Messner wusste, wie nah er mit seinem Verwirklichen von Ideen wirklich an der Kunst war. 1967 – Messner war da noch Felskletterer und seine Himalaya-Expeditionen standen alle erst noch bevor – ging in Südengland ein Kunststudent geradeaus über eine Wiese, Richard Long, fast gleich alt wie Reinhold Messner. Long lief auf einer kurzen Distanz so lange hin und her, bis dort das Gras durch seine Schritte so zusammengedrückt war, dass sich eine Spur abzeichnete. Er hielt sie auf einem Foto fest und nannte diese Arbeit: *A Line Made By Walking* – eine Linie, hervorgebracht (nur) durch das Gehen. Später hat Long imaginäre, noch viel längere Linien gezogen und mit ausgedehnten Wanderungen in England, in den Anden oder in Alaska den durchschrittenen Landschaften eine weitere Ebene der Bedeutung hinzugefügt. »Seine Kunst erinnert uns an das einfach vor uns liegende Sonderbare der begangenen Welt.« Es ist ganz passend, dass dieses Wort, das Sonderbare, hier wieder auftaucht, aber es ist kein Zufall: Niemand anderes als Robert Macfarlane, von dem ich dieses Wort geliehen habe, hat die Arbeiten von Richard Long so beschrieben.

Hamish Fulton, ein weiterer Künstler, wie Messner und Long Mitte der vierziger Jahre geboren, hat ebenfalls viele lange Reisen zu Fuß unternommen. In Ausstellungen hat er danach Bildtafeln mit einem unscheinbaren Foto gezeigt oder sogar nur in großen Buchstaben die dürre Beschreibung einer Route auf die Galeriewand drucken lassen, die dann etwa eine Reise durch Japan repräsentiert, »a 21 day coast to coast walking journey«. Fulton wollte damit zeigen, dass ein Kunstwerk nicht in der Lage ist, die Erfahrung solcher Touren zu vermitteln. Sie ist daran gebunden, sich mit seinem Körper in eine reale Situation zu begeben, die sich in einer nicht abschließbaren Fülle von Wahrnehmungen konkretisiert. Der Versuch, das künstlerisch irgendwie auszudrücken, ist wohl vergeblich. Deshalb hat Fulton nicht Natur oder Landschaft, sondern genau diese unüberwindbare Lücke zum Gegenstand seiner Kunst gemacht.

Goldsworthy, Long und Fulton waren meines Wissens nie in der Eifel. Reinhold Messner kann man sich im Mittelgebirge noch nicht einmal vorstellen, allenfalls auf der Durchreise, vielleicht um dort von seinen Erlebnissen im Himalaya oder in Grönland zu berichten. Und doch geben alle diese kreativen Köpfe, die auf ihre jeweils eigene Weise aufs Ganze gehen, mit ihren neuen Arrangements des Vorhandenen, mit ihren Ideen und Linien ein Beispiel dafür, wie man sich der Eifel annähern könnte, wenn einem kurze Blicke auf einige Sehenswürdigkeiten nicht mehr genügen. Dieses Buch, das jetzt bald an sein Ende kommt, ist neben allem anderen auch ein Versuch, ihren Spuren zu folgen in einem Gebiet, das sie alle wahrscheinlich nie betreten haben. Wohin das führt, kann ich nicht sagen, vielleicht sind das alles nur meine abgehobenen persönlichen Fantasien. Aber so viel steht fest: Zwischen Daun und Mechernich ist ein gutes Terrain, von dem aus sie ihren Flug beginnen können.

Ein bescheidener Versuch

Astropeiler

Aussichtspunkt

Die Erdoberfläche ist die Küste des kosmischen Ozeans.
(Carl Sagan)

Noch einmal: die Farbe Schwarz. Aber diesmal geht es nicht um Gestein. »Schwarz wie die Nacht« sagt man auch – nur stimmt das meistens nicht mehr. Unsere Moderne hat die Nacht zum Tag gemacht. Nicht nur sprichwörtlich, sondern ganz im wörtlichen Sinn: durch künstliche Beleuchtung. Gemeint war das, wie der Historiker Wolfgang Schievelbusch gezeigt hat, als Akt der Aufklärung: Licht in dunkle Ecken bringen, das stand für Erkenntnis, Sicherheit, Unabhängigkeit.

Wie viele Erfolge der Modernisierung hat auch dieser eine Nebenwirkung. Eine Schattenseite, wollte man sagen, verfehlte der Ausdruck nicht gerade das, worum es hier geht: Es kann ein Zuviel an Licht geben. Wir leben mehr und mehr in einer hyperaktiven 24/7-Welt, in der Dunkelheit keine Ausrede mehr für Störungen im Betriebsablauf sein soll. Der amerikanische Intellektuelle Jonathan Crary sprach 2013 von »the end of sleep«, der Abschaffung des Schlafes. Es wäre der Traum aller Workaholics. Wenn sie denn Zeit hätten, zu träumen.

Inzwischen spricht man auch von Lichtverschmutzung. Das ist ein wenig merkwürdig, denn es geht nicht um eine Verschmutzung des Lichtes, was immer das sein könnte. Das Licht selbst ist das Problem: Menschliche Biorhythmen werden beeinträchtigt, Tiere werden gestört, vertrieben und in ihrem Bestand gefährdet. Dass die helle Glocke, die heute nachts selbst über kleineren Städten hängt, auch den Sternenhimmel überdeckt, weil so viel Licht nach oben abgestrahlt wird, erscheint dagegen erstmal weniger schlimm. Dabei haben Menschen seit Jahrtausenden den Nachthimmel beobachtet und sich dadurch die Welt zu erklären versucht. Sollte es deshalb nicht so etwas wie ein Menschenrecht auf einen Sternenhimmel geben? »Falls dies tatsächlich ein Recht oder Privileg sein sollte, dann ist es«, so meint Jonathan Crary, »für mehr als die Hälfte der Weltbevölkerung längst außer Kraft gesetzt worden.«

Ich jedenfalls habe in der Eifel zum ersten Mal den Himmel gesehen. Ich meine den Sternenhimmel, das Firmament, wie man früher sagte, und ich meine richtig gesehen, also bewusst erlebt. Ich war gegen Ende der Grundschulzeit in dem Ort Blankenheim, war also neun oder zehn Jahre alt und verwöhnt, sodass ich der Jugendherberge nicht sonderlich viel abgewinnen konnte. Aber neben dem zähen Kassler mit Salzkartoffeln, das uns dort vorgesetzt wurde, ist mir etwas anderes in Erinnerung geblieben: Wir machten mit der Klasse eine Nachtwanderung. Welches Ziel sie hatte, weiß ich nicht mehr. Ich weiß nur, dass ich tat, wovor Kinder schon immer gewarnt wurden, und beim Gehen andauernd in den Himmel schaute. Da gab es plötzlich so viel zu sehen, hellere und mattere Lichtpunkte in immer wieder anderen Anordnungen und so etwas

Andromeda-Galaxie

wie Wolken aus Licht. So viel mehr, als ich das für möglich gehalten hatte, dabei bin ich nicht einmal in einer Großstadt aufgewachsen.

An vielen Stellen der Eifel ist es nachts auch heute noch ziemlich dunkel. Ähnlich wird es in Grafenhausen im Schwarzwald sein, wo der Soziologe Hartmut Rosa, der den Begriff der »Resonanzachsen« in die Welt gesetzt hat, sein kleines privates Observatorium unterhält. Es braucht solche Umgebungen, nur dort gibt es den sogenannten Landhimmel, aus dessen Schwärze zum Beispiel diese Lichtwolken hervortreten, dieses schimmernde Band, das sich über den ganzen Nachthimmel zieht: Das ist die Milchstraße, die Galaxie, in die unser im Vergleich eher unbedeutendes Sonnensystem eingebettet ist. Ziemlich dicht bei dem Band der Milchstraße lässt sich am Himmel noch ein kleiner Lichtfleck ausmachen, er wird Andromedanebel genannt. Der französische Astronom Charles Messier gab ihm 1780 in seinem Katalog solcher damals noch völlig rätselhafter Himmelsobjekte die Nummer 31. Doch erst vor etwa 100 Jahren wurde klar, was Messier 31, was der Andromedanebel wirklich ist: Er gehört nicht der Milchstraße an, sondern liegt weit jenseits davon und ist selbst eine Galaxie, so etwas wie der ferne Zwilling der Milchstraße, den wir von außen betrachten, während wir von ihr nur die Innenansicht haben. Die Entfernung der Andromedagalaxie wird mit 2,5 Millionen Lichtjahren angegeben. Für die Distanz zwischen Mond und Erde braucht das Licht rund eine Sekunde. Man muss also nicht pessimistisch veranlagt sein um davon auszugehen, dass intergalaktische Raumfahrt in dieser Welt nur eine Fantasie ist. Und doch bleibt die Andromedagalaxie in der Eifel und vergleichbaren Gegenden auf der Erde sogar dem bloßen Auge nicht verborgen. »Vieles können wir tun und vieles erkennen ohne irgendein optisches Hilfsmittel«, schrieb Kelvin McKready 1912 in seinem wunderbar unkomplizierten »Sternenbuch für Anfänger«. Wenn es nachts wirklich richtig dunkel ist, dann tauchen wir einfach ein in das, was er »die freundliche Realität des Himmels« genannt hat.

Solche Erlebnisse prägen sich ein. Damit sie in der Nordeifel möglich bleiben, gibt es dort seit 2014 einen Sternenpark, er war damals der erste in Deutschland. Wieder so ein schräges Wort: Was ist das, eine astronomische Baumschule, in der Sterne angepflanzt und gepflegt werden? Meine Rechtschreibkontrolle wollte den »Sternenpark« auch nicht gelten lassen. Dabei ist die Sache ganz einfach: Im Nationalpark Eifel, wo menschliche Aktivitäten strikt begrenzt sind, damit natürliche Prozesse unbeeinflusst ablaufen können, wird auch besonders wenig Licht zum Himmel abgestrahlt. So wird hier zugleich ein Aussichtspunkt zum Universum offengehalten. Erstaunlich, dass das ausgerechnet hier möglich ist, zwischen dem Ballungsraum Rhein/Ruhr und den dichtbesiedelten Benelux-Ländern. Rundherum im Umkreis von zwei Stunden Fahrt leben fast 20 Millionen Menschen, die entsprechend viel Licht machen. Die International Dark Sky Association beschreibt die Nordeifel daher als »eine Insel der Dunkelheit in einem Meer aus Licht«. Schon wieder stolpert man: Eine internationale Vereinigung für den dunklen Himmel? Ja, das gibt es, und es stehen echte Menschen dahinter, die für dieses Thema Verantwortung übernehmen wollen.

In der Nordeifel macht das Harald Bardenhagen. Der Astronom hat jahrelang geduldig die Verwaltungen des Nationalparks und der umliegenden Gemeinden bearbeitet und schließ-

Startrails über der Hirschley

lich Unterstützung gefunden für sein Anliegen, das für viele auf Anhieb wahrscheinlich ziemlich eigentümlich erschien, für die Bewerbung als Sternenpark. Heute bringt er dort mit seiner Astronomie-Werkstatt vielen Menschen den dunklen Himmel und die kosmischen Aussichten nahe, die hier möglich sind. Das Interesse ist erstaunlich groß. Gibt es doch noch eine Sehnsucht nach dem Kosmos, der aus unserer Alltagswelt ansonsten so gründlich verbannt worden ist? Auf seiner Webseite zeigt Bardenhagen das breite Medienecho seiner Arbeit, von SPIEGEL über BILD-Zeitung bis hin zum Hellweger Anzeiger. Auch auf meine Anfrage hat er, als wir einmal kurz Kontakt hatten, sehr herzlich reagiert und mir einige Astrofotografien geschickt. Ich mag besonders sein Bild mit den sogenannten *star trails* über dem Rursee – das sind die Leuchtspuren, die der Lauf der Gestirne auf einer langzeitbelichteten Fotografie hinterlässt. Aufgenommen ist es von der Hirschley im Waldgebiet des Kermeter. Einmal bin ich dort gewesen, hatte aber keinen Moment darüber nachgedacht, was es hier wohl nachts zu sehen gibt.

Harald Bardenhagen ist ein sympathischer Botschafter des Sternenhimmels, aber natürlich kein Pionier. Die Astronomie ist unter den Wissenschaften eine der ältesten, ihre Geschichte reicht Jahrtausende zurück. Im Jahr 1845, als Gottfried Kinkels Reiseführer über Ahr und Eifel er-

Oberservatorium Hoher List mit Dauner Maaren

schien, wurde auch die Sternwarte der Bonner Universität eingeweiht. Hier begann kurz darauf der Astronom Friedrich Wilhelm August Argelander mit einer Vermessung des nördlichen Sternenhimmels, die so detailliert war wie keine zuvor und als »Bonner Durchmusterung« noch heute weltweit bekannt ist. Man muss sich das vorstellen: Hier an diesem Standort, nur etwa 500 Meter von Kinkels Wohnung entfernt, war es zu dieser Zeit nachts immer noch so dunkel, dass ein solches Projekt Erfolg haben konnte. Heute hängt über Bonn die unvermeidliche, hartnäckige Lichtglocke und von den Rheinbrücken aus erkennt man sogar zwei besonders helle Bereiche am Himmel: den Abglanz des Industriegebiets in Wesseling und die Beleuchtung des Flughafens Köln/Bonn.

Schon in den Fünfzigerjahren hatte die Lichtverschmutzung so stark zugenommen, dass Argelanders Nachfolger an der Universität Bonn ein Refugium brauchten. Sie suchten einen Standort für ein Observatorium außerhalb ihrer Stadt und fanden ihn in etwa 80 Kilometer Entfernung von Bonn, 550 Meter über dem Meeresspiegel: auf dem Hohen List, einer Erhebung oberhalb des Schalkenmehrener Maars in der zentralen Vulkaneifel. Wie die Mönche im Mittelalter zogen die Forscher in die Abgelegenheit, das Kloster Himmerod ist hier nicht weit entfernt. Um effizient arbeiten zu können, durfte das Observatorium allerdings auch nicht zu abgeschieden sein. Doch das ansonsten ruhige Schalkenmehren hatte sogar einen Bahnhof. Deshalb sei es, wie es damals hieß, »im Notfall auch mit dem Zug zu erreichen« – anders als heute übrigens, denn auch diese Trasse wurde zu einem Radweg.

Die Astronomen waren keine Eremiten der Wissenschaft, es ging ihnen einfach um bessere Sicht. Für ihre Art der Aufklärung brauchten sie die Dunkelheit. Als das Observatorium 1954 in Betrieb ging, »ergab sich erwartungsgemäß, dass auf dem Hohen List der Himmelsgrund dunkler und die Durchsicht besser ist als in Bonn«, schrieben die Wissenschaftler damals zufrieden in einem Bericht. Ab 1958 war auf dem Hohen List auch eine Wissenschaftlerin dabei: Für einige Zeit arbeitete Waltraut Seitter hier, die später Deutschlands erste Professorin für Astronomie wurde. Sie lehrte lange an der Universität in Münster, wohnte aber zuletzt mit ihrem Mann Hilmar Duerbeck, der ebenfalls Astronom war, in Schalkenmehren, wo beide auch verstorben sind.

Optische Teleskope, wie sie Waltraut Seitter und ihre Kollegen auf dem Hohen List verwendeten, sind bessere Ferngläser, wenn auch so aufwändige und sperrige, dass eigene Gebäude für sie gebaut werden mussten. Schon damals war aber auch von der Radioastronomie die Rede. Tatsächlich ging schon 1956 der Astropeiler in Betrieb, das erste Radioteleskop in Deutschland. Wie seine Vorgänger in der Vulkaneifel steht er auf einer Anhöhe, dem nur etwas über 400 Meter erreichenden Stockert nahe Bad Münstereifel. Dieses Teleskop erfasste jetzt nicht mehr das sichtbare Licht, sondern unsichtbare elektromagnetische Wellen. Man sieht schon an der äußeren Form, dass sich etwas verändert hat. Mit seinem beweglichen Parabolspiegel von 25 Metern Durchmesser ist der Astropeiler mehr Ohr als Fernglas, erinnert vielleicht auch an eine Blume, die ebenfalls astronomisch orientiert ist und sich nach der Sonne ausrichtet. Für einige Zeit war der Astropeiler die leistungsfähigste Anlage ihrer Art. Bis heute ist er eine Landmarke, ähnlich vielleicht wie die Türme des Klosters Steinfeld, die ein Zeichen einer ganz anderen Epoche sind und auch noch in einen ganz anderen Himmel gerichtet waren. Seit ich den Astropeiler einmal vom Hang unterhalb des Freilichtmuseums in Kommern aus entdeckte, fiel er mir immer wieder irgendwo ins Auge.

Es dauerte aber wieder nur fünfzehn Jahre, bis etwas Neues an die Stelle des Astropeilers trat. Nein, so stimmt es nicht: Das Radioteleskop Effelsberg entstand einige Kilometer entfernt vom Astropeiler und, wichtiger noch, es wurde nicht mehr auf der Höhe, sondern in einem Bachtal gebaut. Nicht mehr um klare Sicht ging es bei der Wahl dieses Standortes, nun war die Abschirmung vor irdischen Störsignalen entscheidend geworden. Deshalb wurde das Teleskop von Effelsberg praktisch zum Gegenteil einer Landmarke. Es ist so gut versteckt, dass ich im Wald schon mehrfach daran vorbeigelaufen bin. Dabei hat die strahlend weiße Schüssel einen Durchmesser von 100 Metern, viermal so groß wie die des Astropeilers. Während dort nur der Spiegel beweglich gelagert ist und auf einem pyramidenartigen Sockel aus Stahlbeton aufsitzt, wurde in Effelsberg die ganze riesige stählerne Konstruktion auf Räder gestellt und lässt sich in Bewegung setzen. Jahrzehntelang gab es weltweit nichts Vergleichbares. Bis mittags steht die große Schüssel von Effelsberg häufig für Wartungsarbeiten in einer waagerechten Parkposition. Im Laufe des Tages beginnt dann der Betrieb und bis in die Nacht

Radioteleskop Effelsberg

wird das Teleskop ganz langsam in immer neue Richtungen gewendet. Dass diese Bewegungen wie ein Tanz sind, wie ein mechanisch-astronomisches Ballett, das lässt sich erst auf Videobildern im Netz erkennen: Dort veröffentlicht das Max-Planck-Institut für Radioastronomie faszinierende Zeitrafferaufnahmen, die einen Arbeitstag des Teleskops in einem kurzen Augenblick zusammenfassen.

Doch selbst diese unglaubliche Apparatur genügt der Radioastronomie heute nicht mehr. Inzwischen schaltet man viele solcher Anlagen zusammen, die weit voneinander entfernt liegen. Mit dieser sogenannten *Very Long Baseline Interferometry* kann man Messungen machen, so als ob die ganze Erde ein riesiges Teleskop wäre. Die erste Abbildung eines Schwarzen Lochs, die 2019 viele Menschen fasziniert hat, ist auf diese Weise generiert worden. Forscher aus Bonn waren daran intensiv beteiligt, aber sie mussten dafür nicht mehr in die Eifel fahren. Als Superlativ taugt das Effelsberger Radioteleskop heute also nicht mehr. Wer davor steht, muss sich daran nicht stören: Die trotz ihrer Größe grazile Konstruktion ist, nachdem sie schon über 50 Jahre in ihrem versteckten Winkel steht, noch immer erstaunlich schön. Zumindest für irdische Verhältnisse.

Abend in den Thürer Wiesen direkt hinter Mendig

Zum Schluss: Wie man landet

Es hat die Mutter aller Gnaden,
die Erde, froh mich eingeladen.
(Gottfried Kinkel, *Ausmarsch*)

Als Du die bekanntesten Orte der Eifel besucht hattest, überfiel Dich eine kleine persönliche Krise. Du kanntest jetzt nicht nur Mendig, sondern auch Monschau, Monreal, Mayen und Manderscheid, die Hohe Eifel mit den höchsten Gipfeln und die abgelegene Schneifel. Konnte es sein, dass Du diese Gegend jetzt – wie soll man sagen? – *verbraucht* hattest? Aber so einfach ist das nicht. Zum Glück.

Die Eifel erscheint Dir klein, verglichen mit den Dimensionen der Wüsten und Ozeane der Welt. Sie erscheint klein, weil Du dich in ein Auto setzen und überall hinfahren kannst – nach kaum mehr als einer Stunde kannst Du so an jedem Ort in der Eifel sein. Aber sie ist groß, verdammt groß, wenn Du sie wirklich kennen, wenn Du in der Eifel landen willst. Zum Beispiel hinter Mendig. Oder rund um Blankenheim, wo die Ahr entspringt, deren Lauf Gottfried Kinkel beschrieben hat. Hör Dir an, was er am Ende seines Buchs sagt:

> *Wir sind am Ziel unserer Wanderschaft. Von Blankenheim locken die verschiedensten Interessen uns von der Ahr fort. Täglich geht eine Post nach der Römerstadt an der Mosel, die an Resten des Altertums ihresgleichen diesseits der Alpen nicht hat. Noch reizender ist der Weg dahin für den Fußwanderer, wenn er in das geschichtlich und landschaftlich höchst interessante Kylltal nach Gerolstein sich wenden, etwa die Eifelmaare bei Daun oder die ganz einzige Aussicht der Doppelburg bei Manderscheid mitnehmen und dann weit über die Eifelebene nach der Mosel sich wenden will. Abwärts nach Norden über Münstereifel und Euskirchen geht nach dem Römerbrunnen bei Niederkastenholz und dem Römerkanal nicht fern vorbei die Poststraße nach Bonn oder Köln. Endlich ganz nahe liegt die vulkanische Eifel und hinter ihr das historisch bedeutende Maifeld; das ist der Weg nach Koblenz.*

Du bist also am Ziel. Und doch geht es immer weiter. Am Ende wird Kinkels Aufzählung fast atemlos. Die Liste der Punkte auf der Landkarte, der möglichen Ziele, ist lang. Sie wird zu einer unendlichen Liste, wenn Du nicht an Orte denkst, sondern an Verbindungen, die im Kopf entstehen und unterwegs – am besten natürlich zu Fuß. Der Eifelverein hat seine Wege, die seit dem Anfang des 20. Jahrhunderts diese Region durchqueren, so angelegt, dass sie sich zu einem Netz zusammenschließen, viel dichter als das Eisenbahnnetz je war. Verschiedene Wege führen

Aussicht vom Aremberg

nach Mendig oder nach Blankenheim und dort, wo Du ankommst, kannst Du in verschiedene Richtungen weiter gehen. Und natürlich macht Blankenheim einen anderen Eindruck, je nachdem ob Du dem Lauf der Ahr gefolgt bist, bis zu ihrer Quelle inmitten der kleinen Stadt, oder ob Du vielleicht von Hellenthal und Reifferscheid her kommst, durch den Wald ins Urfttal ab- und nach Blankenheim aufgestiegen bist.

So betrachtet erscheint die Fläche der Eifel beinahe so unergründlich wie das Erdinnere unter uns und der Kosmos über uns. Auch Gottfried Kinkel wusste das, er hat es 1845 auf seine Weise ausgedrückt:

> *Für den aber, der längs der Ahr zurückgehen möchte, sei noch am Schlusse dies gesagt: Die Ahr ist an einzelnen Schönheiten so überreich, daß man aufwärts und abwärts ganz verschiedene Wege wählen und so die Gegend recht eigentlich doppelt genießen kann.*

Oder nimm den Aremberg, oberhalb des Ahrtals und von Blankenheim nicht weit entfernt, nahe der Grenze zwischen Nordrhein-Westfalen und Rheinland-Pfalz: Sein Gipfel liegt rund 100 Meter tiefer als jener der Hohen Acht, auf kaum mehr als 600 Metern. Diese Höhe wirst Du schnell erreicht haben. Dann scheint die Sache schon abgehakt, zumindest wenn es Dir ums Bergsteigen geht. Nicht mal ein Panorama gibt es hier, das Gipfelplateau ist dicht bewaldet und enttäuscht jede Hoffnung auf eine »einmalige« Aussicht.

Wenn Du auf die Jagd gehst nach einmaligen Aussichten, dann heißt das aber eigentlich, dass Du sie erledigen willst wie ein zum Abschuss freigegebenes Tier. Danach sind sie dann tatsächlich verbraucht. Aber wieso das Einmalige suchen, wenn sich doch überall die Vielfalt der Welt zeigt? Etwas weiter unten am Hang des Arembergs, wo der Wald sich lichtet, eröffnen sich Dir die Ausblicke. Weit reicht die Sicht vor allem nach Süden, wo das Terrain für viele Kilometer deutlich tiefer liegt. Vielleicht ist das eines der schönsten Panoramen der Eifel. Aber »einmalig« ist es nicht. Im Laufe des Tages wandelt sich das Wetter. Am Morgen hängt der Nebel unten im Ahrtal über dem Wasser, er markiert den Fluss, den man ansonsten von hier nicht erkennen kann, bis mit der Zeit die Nebelschwaden als graue Fahnen aufsteigen und sich schließlich auflösen. Am Nachmittag werden der Aremberg und Du vielleicht von einem langanhaltenden Regen eingehüllt, der scheinbar nie mehr enden will. Aber natürlich geht auch das irgendwann zu Ende und am Abend könnte es gut sein, dass es aufklart, der Himmel wieder aufreißt und Du in der Dämmerung die roten Lichter am Sendemast Eifel sehen kannst, der auf dem Gipfel des Scharteberġs steht, auf knapp 700 Metern und etwa 30 Kilometer vom Aremberg entfernt.

Wenn Du Dich in seiner Umgebung weiterbewegst, dann wird es Dir so vorkommen, als ob der Aremberg Dich verfolgt. Weil er von vielen Orten aus zu sehen und mit seinem flachen Rücken auch leicht wiederzuerkennen ist, bleibt er Dir auf den Fersen, wenn Du ihm die Chance dazu gibst. Du wirst mit diesem Berg dann nicht fertig werden. Er kann Dir deutlich vor Augen stehen, wenn Du Dich in seiner Nähe befindest. Entfernst Du Dich nur ein wenig, dann verbirgt er sich wahrscheinlich schon hinter einer Hangkante. Von anderswo sticht er dagegen auch aus dem Dunst noch deutlich heraus, zum Beispiel vom Steinerberg bei Ahrbrück aus gesehen. Oft gibt der Aremberg einfach einen dekorativen

Blankenheim, aus *Die Ahr*

Hintergrund ab, wenn Du zum Beispiel in der Gegend von Kelberg bist. An einigen Orten schließlich, man muss sie finden, tritt der Aremberg in Verbindung mit anderen Landmarken. Vom Kalvarienberg bei Alendorf aus gesehen bildet er ein Trio zusammen mit der Hohen Acht und dem Burgberg der Nürburg.

Folgst Du dem französischen Soziologen Bruno Latour, dann kann »landen« – ob hinter Mendig, bei Blankenheim, um den Aremberg herum oder anderswo – sogar noch mehr bedeuten. Latour, der im Herbst 2022 gestorben ist, hat über dieses »Landen« ein ganzes Buch geschrieben. Für ihn, der aus einer alten Winzerfamilie stammte, bedeutete es, sich mit einem Stück Erde zu verbinden, im Bewusstsein, dass es nur als ein Teil eines ganzen Erdsystems existieren kann. Alles, was auf diesem Planeten geschieht, steht in einem Verhältnis zueinander. Alles Leben spielt sich auf ihm in einem engen Bereich ab, der einen Durchmesser von nur einigen Kilometern hat, Latour nannte ihn die »kritische Zone«. Weil der Aremberg nur eine bescheidene Höhe erreicht, liegt er mitten in diesem Bereich. Die Atmosphäre ist dort so dicht, dass Du mühelos atmen kannst, die Temperatur mehr oder weniger angenehm. Um Dich herum gibt es Bakterien, Pflanzen, Insekten, schon seit Millionen von Jahren, ohne die hier nichts wäre, wie es jetzt ist. Nur wenige Kilometer weiter oben, in den Höhen, in denen sich zum Beispiel der Grenzgänger Reinhold Messner bewegt hat, ist alles, was Du und al-

Aremberg, Hohe Acht und Nürburg

le anderen Menschen als selbstverständliche Voraussetzung unseres Daseins meistens gar nicht bewusst wahrnehmen, nicht mehr gegeben.

Im 21. Jahrhundert aber ist das Leben auch in der bisher so bequemen Hülle des Raumschiffs Erde immer weniger sichergestellt. Weil wir nicht beachtet haben, dass in der kritischen Zone nichts ohne Folgen bleibt, verändert sich die Zusammensetzung der Atmosphäre, die Temperatur steigt, im Winter liegt in der Eifel kein Schnee mehr, im Sommer bleibt der Regen aus und die Bäume vertrocknen. Anderswo wird es noch viel schlimmer werden. Wir können dem nicht länger zusehen, weil wir aus dem »gemeinsamen Haus«, wie Papst Franziskus den Planeten genannt hat, nicht einfach auschecken können. An manchen Freitagen ist es weltweit auf selbstgemachten Pappschildern zu lesen: »Es gibt keinen Planet B.« Glaubt wirklich jemand, es könnte ein guter Deal sein, ein Stückchen Erde wie die Eifel gegen einen Claim auf dem Mars einzutauschen? Das Leben hier in der kritischen Zone ist eine Chance, die wirklich einmalig ist.

Deshalb brauchen wir eine neue Bodenhaftung, müssen lernen, was es wirklich bedeutet, auf der Welt zu sein. Das wird eine riesige Herausforderung, die jedoch, wie Franziskus gesagt hat, zugleich voller »Schönheit« ist. Funktionieren kann es nur ausgehend von dem überschaubaren Ort, an dem wir sind, aber mit Blick auf das große Ganze. Landen ist also, falls Du das noch geglaubt haben solltest, überhaupt nichts Beschränktes oder Hinterwäldlerisches, ganz im Gegenteil. Für Bruno Latour legte das den Schluss nahe: Provinziell sind heute diejenigen, die einen Globus umfliegen, dessen Zusammenhänge sie nicht erkennen wollen und denen deswegen immer noch alles selbstverständlich erscheint.

Du siehst schon, es verändert sich hier einiges, und das kann überraschende, verwirrende, aber auch befreiende Folgen haben. Zumindest eine davon kannst Du vielleicht von hier aus schon erkennen: Hinter Mendig zu landen, kann Teil eines großen Aufbruchs sein.

Eifelblick Schafsbenden

Nachwort – Nachdenken

Für dieses kleine Buch ist das folgende Nachwort wahrscheinlich viel zu lang. Aber es gibt zum Schluss dieser Welt-Reise noch eine Menge zu sagen. Es sind Dinge, die unausgesprochen geblieben sind, aber die nicht fehlen dürfen. Es sind ungelöste Fragen, die – genau wie im Prolog beschrieben – die Eifel für mich aufgeworfen hat. Und schließlich gilt es auch noch, denjenigen Danke zu sagen, die ein Stück des Weges mitgegangen sind.

Beim Schreiben ging es mir wohl wie Gottfried Kinkel: Auch sein Buch *Die Ahr* scheint ihm schließlich viel mehr abverlangt zu haben, als er anfangs geglaubt hatte. Es stecken sehr viele verschiedene Informationen und Erfahrungen in *Hinter Mendig gelandet*, wobei keines seiner Themen in Bezug auf die Eifel wirklich neu ist. Ich bin schließlich – auch das wollte ich direkt im Prolog unterstreichen – nicht der Erste, der die Eifel kennenlernt. Es war nötig, die Dinge »sacken zu lassen«, oder besser: ihnen wie dem Wein in den Kellern der Winzergenossenschaft Mayschoß-Altenahr einfach Zeit zu geben, damit etwas aus ihnen werden kann. Dann war ich immer wieder überrascht, wenn mir unerwartete Zusammenhänge klar wurden: welche Dimensionen in den Basalten stecken, welche Aussagekraft die Grenzregion Mützenich für das heutige Europa hat, welche Geschichte die drei astronomischen Standorte Hoher List, Stockert und Effelsberg erzählen – und so weiter.

Während Gottfried Kinkel sein 1845 erschienenes Buch über das Ahrtal und die Eifel schrieb, hat sich dort wahrscheinlich nicht viel verändert, diese Welt erschien noch relativ statisch. Die Auswanderungswellen dieser Zeit waren aber schon ein Zeichen der Moderne, zuvor war wohl niemand aus der Gegend um Adenau zu anderen Kontinenten aufgebrochen. Unsere heutige Spätmoderne dagegen ist hochdynamisch geworden und instabil. Während also ich an meinem Buch schrieb, geschahen in kurzer Zeit gleich mehrfach Dinge, die niemand erwartet und für möglich gehalten hatte und die dazu führten, dass sich vieles ganz anders darstellte als zuvor. Ein bedrohliches Corona-Virus trat auf den Plan, wir verfolgten in den Medien beinahe in Echtzeit, wie es sich über den ganzen Planeten ausbreitete, und im Gegenzug schränkten wir unseren Bewegungsradius ein wie noch nie. Ein kleiner Ausflug zum Eifelblick Schafsbenden bei Kreuzau an der Rur wurde im April 2020 zu einem großen Abenteuer. Ein mit hoher Wahrscheinlichkeit durch die globale Erwärmung verstärktes Hochwasser an der Ahr und der Erft ließ ein Jahr später Teile der Eifel zu einer Katastrophenregion werden. Ich hatte manchmal ein schlechtes Gewissen, denn während andere vor Ort halfen, saß ich im Trockenen und dachte darüber nach, was das für mein Projekt bedeutete. Als dann im Februar 2022 Russland die Ukraine angriff und Bundeskanzler Olaf Scholz darin eine »Zeitenwende« erkannte, verunsicherte das auch mich und brachte nebenbei alles durcheinander, was ich mit Blick auf den Zweiten Weltkrieg, den Kalten Krieg und die Eifel hatte sagen wollen. In einem sah ich mich allerdings bestätigt, immer wieder: Die Welt war, mehr denn je sogar, nie weit weg in der Eifel.

Diese Welt ist »grässlich und wunderschön«, wie es in dem Motto heißt, das ich dem ersten Prolog vorangestellt habe. (Den Rastplatz Krachgarten aus dem Lied von Gisbert zu Knyphausen gibt es wirklich, wenn er auch nicht in der Eifel liegt, sondern in Hessen, am Rand der A5 – bestimmt ein sonderbarer Ort.) Die Zusammenhänge, um die es in diesem Buch geht, haben oft mehrere Seiten. Oft genug handelt es sich um faszinierende Verbindungen, man fühlt sich angesprochen und einbezogen in die Welt, entwickelt eine Resonanzbeziehung, so wie es Hartmut Rosa ganz anschaulich und doch mit weitreichenden Schlussfolgerungen beschrieben hat. Die Zusammenhänge können aber auch beunruhigend sein, man fühlt sich – um ein Bild des Historikers Frank Uekötter zu verwenden – wie in einem Strudel, der alles Mögliche mitreißt und wo man nie sicher sein kann, ob eine positiv erscheinende Entwicklung nicht an anderer Stelle ihre Schattenseiten hat.

Die deutschen Auswanderer nicht nur aus der Eifel zum Beispiel, die in Nordamerika die Vereinigten Staaten mit aufgebaut haben, waren zugleich Kolonisten, die eine indigene Bevölkerung auf diesem Kontinent an den Rand gedrängt und in ihrer Existenz bedroht haben. Deswegen wird inzwischen auch der Deutsch-Amerikaner Carl Schurz, Gottfried Kinkels enger Freund, kritischer gesehen. Die neuere Forschung zeigt, dass er als US-amerikanischer Innenpolitiker wesentlichen Anteil an Programmen zur vermeintlichen »Zivilisierung« der »Indianer« hatte, die viel menschliches Leid verursacht haben und darauf aus waren, die indigenen Kulturen als solche verschwinden zu lassen. Kinkel dagegen war ein eher erfolgloser Politiker, aber mit seiner Haltung und Menschenfreundlichkeit beeindruckt er noch heute uneingeschränkt.

Auch hinter der schönen Geschichte der Stadt Mendig stecken schwere Schicksale und eine fragwürdige Zukunft. Die Arbeit der sogenannten Layer in den Basaltbrüchen war gefährlich, auf ihren Schultern wurde Mendig und sein bescheidener Wohlstand des 19. Jahrhunderts errichtet. Für den Abbau der Basalte und anderer vulkanischer Gesteine war man bereit, Landschaften in der Eifel erheblich umzugestalten. Einige Vulkankuppen sind bereits verschwunden, und die rücksichtslose Ausbeutung von Ressourcen geht weiter, obwohl die Arbeitsplätze in der Rohstoffindustrie wenige sind im Vergleich zur Zahl der Menschen, die vom Tourismus in der Region profitieren. Für eine neue Bewertung dieser Zusammenhänge setzt sich schon seit Längerem der Rheinische Verein für Denkmalpflege und Landschaftsschutz ein, dem auch ich angehöre: Es gibt in der Eifel ein außergewöhnliches Kulturerbe des Basalts, deswegen kann nicht jeder Steinbruch schlecht sein. Aber immer weiter landschaftsprägende Merkmale abtragen, sogar noch in der als UNESCO Global Geopark ausgezeichneten zentralen Vulkaneifel, hauptsächlich um billiges Schüttgut für den Straßenbau zu produzieren – das kann nicht sein.

Der Eifelverein muss ebenfalls noch einmal erwähnt werden. Mit seinem Ville-Eifel-Weg von Brühl nach Trier verbindet sich noch eine weitere Geschichte. Ich habe sie im Kapitel »Resonanzachsen« ausgespart, es ging dort um etwas anderes, aber verschweigen will ich sie nicht. Bis vor Kurzem trug die traditionsreiche Wanderroute noch den Namen Karl-Kaufmann-Weg. Kaufmann ist zu Anfang des 20. Jahrhunderts für lange Jahre Landrat des Kreises Euskirchen gewesen. Sogar noch länger amtierte er außerdem als Vorsitzender des Eifelvereins, auch noch nach 1933. Bei vielen, vor allem unter den Älteren in der Region, war Kaufmann bis in die Gegenwart hinein noch bekannt als ein »großer Eifelfreund« und Modernisierer des ländlichen Raumes. Sein Name war mit der Eifel verbunden wie der des Industriellen Alfred Krupp mit dem Ruhrgebiet. Kaufmanns Ansprachen aus den dreißiger Jahren aber, in denen er den Eifelverein unter »das siegreiche Banner des Dritten Reiches« gestellt hatte und »wahre Verbundenheit zu Blut und Boden« ihm als das höchste Gut galt, hatte niemand mehr lesen wollen. Dabei standen die alten Ausgaben der Eifelvereins-Zeitschrift mit einer Fülle solcher Belege für Kaufmanns Wirken nach der Machtübernahme der NSDAP in vielen Bibliotheken herum. Seit Kurzem sind sie alle auch digitalisiert zugänglich, wer will, kann sich leicht selbst ein Bild machen. Erst durch eine »Wandergruppe Eifelgold«, die etliche Aufkleber mit Ausschnitten aus Kaufmanns Propaganda für den »Führer« an der Beschilderung des damaligen Karl-Kaufmann-Weges anbrachte, kam 2019 der Stein ins Rollen und der Ville-Eifel-Weg zu seinem jetzigen Namen.

Auch ich selbst muss noch etwas zurechtrücken, im Hinblick auf einen anderen Namen: Gleich zu Anfang habe ich mich über das »GesundLand Vulkaneifel« lustig gemacht. Die Vorstellung, dass die Vielfalt einer Region hinter solchen Image-Konstruktionen zurücktritt, finde ich bedenklich. Wo bleibt der Raum für Individualität und wirklich innovative Entwicklungen, wenn alles schon zielgruppengerecht vermarktet wird? Als ich aber das erste Mal in Bad Bertrich war, nahe Cochem an der Mosel, dachte ich: Ist nicht doch etwas dran an dieser »GesundLand«-Idee? Der überschaubare Ort hat sich noch einiges von der beruhigenden Atmosphäre eines alten Kurbades erhalten. Am westlichen Ende der Fußgängerpromenade liegt die Therme. Ihr von Natur aus warmes Wasser hat dank eines hohen Mineralstoffgehaltes eine nachweisbare Heilwirkung. Am Ostende von Bad Bertrich liegt ein landschaftstherapeutischer Park, der als Folge verschiedener Themengärten mit jeweils eigenen Sinneseindrücken angelegt ist. Weil der Ort in einem sehr steilen Tal liegt, ist es hier wirklich ruhig, die Hauptstraße wird über Brücken und Tunnel weiträumig an Bad Bertrich vorbeigeleitet. Eigentlich verdient es durchaus Anerkennung, dass die Region nicht Events und Spektakel zu ihren Kennzeichen machen will, sondern Naturerfahrung, Wohlbefinden und Entschleunigung. Wer sich darauf wirklich einlassen will, wird sicher nicht enttäuscht werden.

Wenn ich mir das Buch jetzt mit etwas Distanz ansehe, dann fällt mir noch etwas auf, das so nicht unkommentiert stehenbleiben kann: Von einigen wenigen Ausnahmen abgesehen – bis auf einige Namen, die mehr beiläufig erwähnt werden – sind alle Personen, die in *Hinter Mendig gelandet* auftreten, Männer. Woran kann das liegen? Dass es zu Gottfried Kinkels *Die Ahr* Mitte des 19. Jahrhunderts keine Alternative aus der Hand einer Autorin gibt, überrascht natürlich nicht. Frauen konnten damals generell kaum etwas veröffentlichen, und wie Kinkel alleine übers Land reisen konnten sie schon gar nicht. Aber wieso setzt sich diese Ungleichheit bei einem Thema wie der Eifel noch so lange fort? Ist dieser Zugang zu einer Kulturlandschaft, das Sich-Versenken in Natur und Geschichte, doch von einem

»männlichem Blick« geprägt? Dem Buch fehlt hier noch etwas – nur bin ich nicht der Richtige, um diese Kapitel zu schreiben. Deswegen warte ich gespannt auf Autor:innen der Generation Z, die sich zum Beispiel bei Fridays for Future gerade erst zu Wort zu melden beginnt und die zur Welterkundung auf dem Heimatplaneten ganz sicher etwas Eigenständiges zu sagen hat.

Dass für mich persönlich die Eifel etwas ganz Besonderes ist, dafür steht dieses Buch. Trotzdem bleibt die Frage: Stimmt es, dass die Eifel besonders »welthaltig« ist? Kann man der Welt hier wirklich auf eine außergewöhnliche Weise begegnen und ist es also immer noch richtig, dass sie »ihresgleichen auf der Welt nicht hat« (wie der Geologe Leopold von Buch gesagt hat)? Oder macht der Blick den Unterschied, kommt es auf das begeisterte Engagement an, mit dem sich jede Region – der Niederrhein, der Westerwald, Irland, die Azoren – auf ihre Weise als ein Ausschnitt der Welt erkennen lässt, der ganz selbstverständlich keinem anderen gleicht und doch mit allen anderen verbunden ist? Was denken Sie? Der Verlag und ich freuen uns über Gedanken dazu an die E-Mail-Adresse *verlag@dreiviertelhaus.de*.

Dass das Buch die Gestalt annehmen konnte, die es jetzt hat, verdanke ich auch dem intensiven Austausch mit Boris Bachmann, der zu einem großen Teil sogar vor Ort in der Eifel stattgefunden hat – in der Gegend von Blankenheim zum Beispiel, aber oft genug auch gleich hinter Mendig. Bestimmt hätte er ein ähnliches Buch schreiben können, der Unterschied lag dann lediglich darin, dass ich die Zeit gefunden habe, wirklich damit anzufangen, und dass ich das Glück hatte, Gottfried Kinkel als Reiseführer zu entdecken. Angelika Dötig danke ich dafür, dass sie das Entstehen von *Hinter Mendig gelandet* mit großem Interesse verfolgt hat und mir im Corona-Spätsommer 2020 eine erste Möglichkeit für einen Auftritt mit Texten und Bildern aus dem Buch ermöglicht hat, noch ohne zu wissen, was sich hinter dem Projekt genau verbirgt.

Viele Fotos im Buch stammen von mir selbst. Fotografisch sind sie wahrscheinlich nicht immer gut gemacht, aber ich hoffe, sie können etwas von den Begegnungen mit der Eifel einfangen, die für mich selbst so viel Bereicherndes hatten. An mehreren Stellen im Buch zeigen Luftbilder die Orte, um die es geht, mit einer unerwarteten Übersicht. Für die Erlaubnis zu ihrer Nutzung danke ich »Wolkenkratzer« Klaus Göhring. Hans Jürgen Sittig, der früher als Fallschirmjäger wirklich »hinter Mendig gelandet« ist, danke ich ganz besonders für sein bodenständiges, aber doch himmlisches Bild eines abziehenden Gewitters in der Nähe von Daun. Sehr gefehlt hätten mir das historische Gruppenbild der Ahr-Winzer und die Aufnahmen aus Kommern, wenn nicht die Winzergenossenschaft Mayschoß-Altenahr und das LVR-Freilichtmuseum so freundlich gewesen wären, den Abdruck zu ermöglichen. Dafür vielen Dank, und nicht zuletzt auch an die vielen Menschen, die Fotos aus der Eifel unter Creative-Commons-Lizenz zur Verfügung gestellt und die Region in der Openstreetmap unglaublich detailliert kartiert haben – inklusive aller großen und kleinen Sehenswürdigkeiten, mehrfachen Grenzlinien und Aussichtspunkte ins Land wie auch in den Himmel.

Bonn, im März 2023
Alexander Kleinschrodt

Abbildungsverzeichnis

S. 4: Reproduktion aus *Die Eifel. Eine Auswahl hervorragender Landschafts- und Stimmungsbilder aus der Eifel*. Hrsg. im Auftrag des Kölner Eifelvereins, Köln: Hoursch & Bechstedt 1908, gemeinfrei
S. 12, 13: Reproduktion aus Carl Schurz: *The Reminiscences of Carl Schurz*. Bd. 1. New York: McClure 1907, gemeinfrei
S. 16: Friedrich Tellberg via Wikimedia Commons, CC BY-SA 3.0
S. 32: Georg5259 via Wikimedia Commons, CC BY-SA 4.0
S. 60: Reproduktion aus *Die Gartenlaube. Illustriertes Familienblatt*, Nr. 38/1854, gemeinfrei
S. 63: Reproduktion aus *Die Gartenlaube. Illustriertes Familienblatt*, Nr. 12/1868, gemeinfrei
S. 65: Jennifer Woda
S. 71: Winzergenossenschaft Mayschoß-Altenahr e.G.
S. 73: Martin Seifert via Wikimedia Commons, gemeinfrei
S. 80: LVR-Freilichtmuseum Kommern/Hans-Theo Gerhards
S. 85: Altmeier via Wikimedia Commons, CC BY-SA 4.0
S. 95: Superbass via Wikimedia Commons, CC BY-SA 3.0
S. 97: Raimond Spekking via Wikimedia Commons, CC BY-SA 4.0
S. 100: Dkrieger via Wikimedia Commons, CC BY-SA 3.0
S. 107: Paul Tubridy/US Air Force via Wikimedia Commons, gemeinfrei
S. 111: Sven Mandel via Wikimedia Commons, CC BY-SA 4.0
S. 113: Andreas Lawen via Wikimedia Commons, CC BY-SA 4.0
S. 119: Hans Jürgen Sittig
S. 126: Brucewaters via Wikimedia Commons, CC BY 4.0
S. 128: Harald Bardenhagen

Luftbilder S. 105, 124, 129: Klaus Göhring

Landkarte S. 92: OpenStreetMap unter ODb-Lizenz

S. 10, 39, 58, 69, 136: Reproduktionen der Universitäts- und Landesbibliothek Bonn aus Gottfried Kinkel: *Die Ahr. Landschaft, Geschichte und Volksleben. Zugleich ein Führer für Ahrreisende.* Bonn: Habicht 1846, gemeinfrei

Alle weiteren Fotos vom Autor.